#学校ってなんだろう

“学校”について自由に語ろう

ソクラテスのたまご編集部 編

G 学事出版

はじめに

二〇二〇年四月上旬、ほぼ全員が小中学生の保護者で構成された「ソクラテスのたまご」編集部の会議で議題にあがったのは、**「オンラインでさまざまな学びができ、学力も向上させられるとしたら、何のために学校はあるんだろう?」**という素朴な疑問でした。

「社交性を身につけるため?」

「規則正しい生活を送るため?」

「社会マナーやモラルを学ぶため?」

「いじめやブラック校則に苦しんでも通う意義はある?」

など、さまざまな意見は出ましたが、明確な答えが出せる部員はいませんでした。

そこで、「子どもや教育と向き合っている人、学校や学びについて考え続ける人に話を聞いてみよう!」と立ち上がったのが今回の**「#学校ってなんだろう」**キャンペーンです。

本書は、そのキャンペーンを書籍としてまとめたものです。執筆しているのはさまざまな形で教育に関わる専門家たちですが、このキャンペーンを通じて「子どもをもつ保護者や学校の中で働く人、さらには一般の人たちからの意見も聞いてみたい!」というのが編集部の思いです。

ぜひ、本書で掲載している専門家の記事を読みながら一緒にこの問いについて考え、あなたの意見を、SNS等で聞かせてください。

(#学校ってなんだろう)

「#学校ってなんだろう」

目次

「学校ってなんだろう」

あなたなら、何て答えますか？

学校は可能性を引き出し、将来の選択肢を広げてくれる場所

昆虫ハンター、タレント
牧田 習さん

●まきたしゅう
昆虫ハンター。1996年、兵庫県宝塚市生まれ。オスカープロモーション所属。北海道大学理学部卒業。特技は三線、小学5年生時に取得したダイビングのライセンス資格を所持。昆虫研究家として出演した番組で注目を集め、各メディアで活躍中。テレビ神奈川「猫のひたいほどワイド」水曜レギュラー。2020年4月から東京大学大学院に在学中。

〈公式 twitter & instagram〉@shu1014my▶

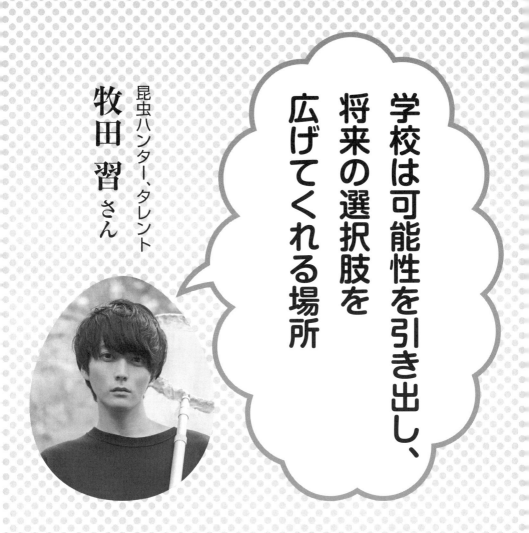

子どもが抱く学校への疑問をスルーしないで

僕は、小学校が嫌いでした。集団行動が苦手で人との距離感がわからないため、友達もいませんでした。

いまでも、チーム作業や他人とのコミュニケーションが難しいなと感じることがあります。これは、**小学校時代にだれとも話さず、コミュニケーション力を培う経験が極端に少なかった**からだと思っています。

授業に対しては「わかっているのにな」「この勉強、将来必要ないかも」と、いつも退屈に感じていましたね。音楽会や運動会といった行事も、興味がないのに参加しなければならないのが苦痛で……。「これは何のためにやっているんだろう？」と疑問でした。

けれど、大人に学校へ行く意味を聞いてもだれも答えてはくれませんでした。「義務教育だから卒業しないとダメだ」という定義のようなものを押しつけるだけで、「なぜ学校を卒業しなければならないのか」を教えてくれる人がいなかったんです。

だからこそ僕が強く思うのは、もし「学校に行きたくない」と悩んでいる子どもがいるのなら大人はその理由をちゃんと聞いてあげるべきだということ。周りの人間が自分の話を聞いてくれないというのは、子どもにとってはとてもしんどいことです。**学校に行かせることがゴールなのではなく、行きたくない理由を解決すること**が大事だと思います。

選択肢の幅を広げてくれるのが学校だと思う

そんな学校に後ろ向きだった僕ですが、二四歳になったいま、感じていることがあります。**学校での学びは、自分の可能性を発見するきっかけになる**ということ。**将来の目標が明確にあるのであれば、究極はそれに向かって必要な学びを取捨選択していくだけでもいい**と思っています。でも将来、何をしたいかわからないという人こそ選択肢はたくさんあったほうがいいんじゃないかな。

僕自身も、中学・高校では将来に向けてアクションを起こさなければならない時期だと思っていたので学校の授業にしっかり取り組みました。**温度感の同じ友人ができたので、学校そのものに対するネガティブな気持ちがなくなっていた**というのもありますが…。

成功をつかむためには運や才能が影響する部分もあると思いますが、勉強はだれでも結果を出せる可能性の高いものなのではないでしょうか。そういった意味では、**学校はコストパフォーマンスの良い学びの場、将来の選択肢を広げることのできる場**だと思っています。

小学校時代の気持ちを引きずったまま中学・高校でも学校が嫌いだったら、ただの虫好きに留まっていたかもしれません。僕が昆虫ハンターとしてタレント活動ができていること、大学で昆虫の勉強を続けられていることはやはり学校で勉強した結果、成果だと思っています。

私が考える“学校ってなんだろう” ❶

自分の経験から振り返って思うことですが、まず「学ぶ意味」について教えることにもっと力をいれてほしいと思います。「学ぶ」こと自体の意味はもちろんですが、「歴史を学ぶ理由」や「方程式を解く理由」など一つひとつの学習について、なぜ学ぶのか、その目的やメリットについて子どもたちに理解してもらう必要があると思います。目的が理解できれば学ぶ姿勢も変わりますし、理解力と理解のスピードもきっと変わるのではないかと思います。

次に、働いている一人の社会人の意見ですが、世の中で働いているさまざまな職業の人の“生の声”を聴ける機会をぜひ学校に増やして欲しいです。そのような授業を設けることで、子どもの自主性が伸びるのではないかと思います。

（窪田政人さん　40歳・建設業）

自分が子どもの時に感じていた学校は、「勉強をして友達と遊ぶところ」ぐらいでした。しかし、大人になって振り返ってみると、勉強はもちろんのこと、いろいろな考えの人たちがいる集団生活の中で、さまざまな考え方を知り、いろいろな人との付き合い方を学び、社会に出るためのさまざまな知識や経験を学べるところだったと思います。

そして、“友達”という自分のネットワークを築いていくことができる場所だと思います。

（ヘビ太朗さん　43歳・会社員・幼稚園年長の親）

学校は子どもたちの居場所。社会性は触れ合いから得られる

公認心理師

佐藤めぐみさん

●さとうめぐみ

公認心理師、オランダ心理学会認定心理士。欧米の大学・大学院で心理学を学び、「ポジティブ育児メソッド」を考案。現在は公認心理師として、育児相談室・ポジカフェでの心理カウンセリング、ポジ育ラボでの子育て心理学講座など、ママをサポートする活動を行う。また、コロナ禍で深刻化する育児ストレスを踏まえ、2020 年 11 月にママの心のケアのための「ポジ育クラブ」を発足。

〈佐藤めぐみオフィシャルサイト〉▶

「学校に行く」という結果だけにとらわれてはいけない

「学校ってなんだろう?」というテーマからまず思ったのが、不登校もしくは行き渋りを感じている子どもたちのことでした。

個人的には、**社会で生きるスキルを得られる学校は〝行くべき場所〟だと思っていますが、それを課すことで子どもが追い込まれることもあるので、難しい問題**ではあります。不登校という現象に至ったきっかけはさまざまなので、学校に行くことだけを強く求めてしまうと逃げ場がなくなってしまうことがあるのです。

「子どもが学校に行きたがらない」という相談はいままでにもたくさん受けてきました。私たち心理師ができるアプローチは「なぜ学校に行くのか」を答えることではなく、「どうして学校に行きたくないのか」という背景を探ることから始めます。

文部科学省の「『不登校に関する実態調査』平成一八年度不登校生徒に関する追跡調査報告書」でも、不登校のきっかけはさまざまだということを明らかにしていて、いまも昔もきっかけとなるものはあまり変わりません。

●友人との関係
嫌がらせ、いじめ、けんかなど

●勉強がわからない
授業がつまらない、成績が悪い、テストが嫌など

●先生との関係
先生が怒る、注意がうるさい、体罰など

一方で、昔はなかった生活リズムの乱れ（朝起きられないなど）、インターネット、メール、ゲームなどの影響も指摘されていて、学校に行かない理由も多岐に及んでいるのが現代の実情だと思います。

令和元年度の文部科学省の通知「不登校児童生徒への支援の在り方について」では、「支援の視点」として以下の内容が掲げられています。

不登校児童生徒への支援は、「学校に登校する」という結果のみを目標にするのではなく、児童生徒が自らの進路を主体的に捉えて、社会的に自立することを目指す必要があること。

また、児童生徒によっては、不登校の時期が休養や自分を見つめ直す等の積極的な意味を持つことがある一方で、学業の遅れや進路選択上の不利益や社会的自立へのリスクが存在することに留意すること。

（文部科学省「不登校児童生徒への支援の在り方について」（令和元年）より引用）

ゲームのやり過ぎで朝が起きられずに学校にいけない子と、友達にいじめられて学校に行けない子とでは当然ながら対応策は違ってきます。

学校に行くことは非常に大切だと私も考えていますが、学校に行くという結果だけにとらわれてしまうと、苦しんでいる子どもたちを追い込むことにもなりかねないので、臨機応変な対応が望まれると感じています。

学校は社会性の基礎を体得する場所

今回の新型コロナ騒動をきっかけに改めて感じたのは、**〝学校は勉強だけをする場所ではない〟**ということ。**子どもたちにとって、学校は一日のうち多くを過ごす場所なので、〝社会〟としての機能が大きい**のです。

休校中、世界中の子どもたちが「友達に会いたい」と思っていたように、学校は自分の居場所であり属する社会です。勉強はネットを介して受講することもできますが、**手をつないで遊んだり息遣いを感じながらかけっこしたりというのは、その場にいないと体感できないもの**です。

〝社会〟としての学校、その中で日々、他者と関わり合い会得するものは非常に大きいと感じます。一緒に喜んだり、悲しんだり、競ったり、励ましたり、我慢したり、自己主張したり……。こういった経験は対人あってのことであり、机で得られる知識ではありません。学校で得た社会性は、会社に勤め出したときの対人スキル、結婚したときの夫婦関係、親になったときの子どもとの向き合い方などにもつながっていくと考えられます。

そして今後、**何十年経っても、いくら世の中が便利になっても〝学校〟という場所は存続して欲しい**と思っています。特に、**義務教育時代は子どもたち同士や先生との触れ合いで得る社会勉強こそが大切**なのではないでしょうか。

学校というパッケージには、生きていくためのスキルが詰められている

児童精神科医

前田佳宏さん

●まえだよしひろ

医師8年目の児童精神科医。東京大学病院精神科医局所属。HSP、発達障害、愛着障害などに悩む児童と大人に、身体心理学と自我状態療法の理論に基づいた心理療法を提供している。人生の悩みを相談し合えるっていいよねと言い合えるコーチング学習サロン『しなここラボ』を立上げ、価値を押し付けず問いを深め合う哲学対話『ゲーテカフェ』を主宰。企業のメンタルヘルス対策、NPO 法人顧問も担う。カフェと旅と作品鑑賞が好き。

〈ゲーテカフェ〉ホームページ▶

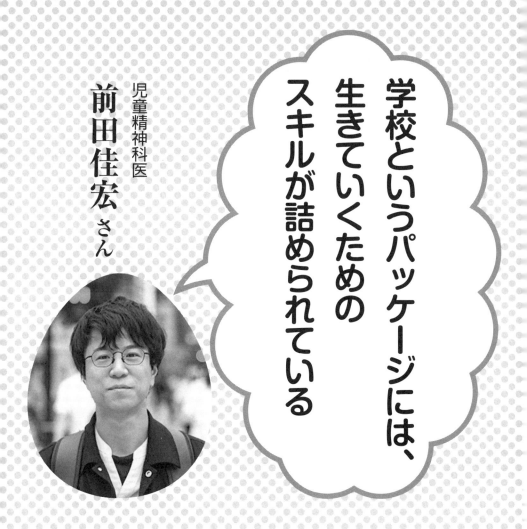

学校には四つの役割がある

私が子どもの頃を振り返ると、〝学校は勉強をする場所〟という捉え方が大きかったように思います。

しかし臨床やＮＰＯ活動でさまざまな児童と接している中で、学校にはもっとより広い役割があるのではないか、と学校について再考するようになりました。

具体的に学校には、**学力をつけるということを含め、四つの役割があると思っています。**

①学力をつける

まず第一に**学力をつける場**としての役割です。学校ではカリキュラムに沿って勉強が進んでいきますね。学年によって勉強する目安が把握しやすく、**学力をつけやすいのが学校**という場だと思います。

また宿題やテストといった課題を通して、**勉強する習慣が身につきやすい**のも学校の大きな特徴だと言えるでしょう。

集団の中でパフォーマンスを発揮しやすいのかどうかをみることができる側面もあり、本人が自分にあった環境を考える上で役立ちます。

ただ、勉強が楽しくなかったり、なんのためにしているのかわからなかったりすると、学力をつけるモチベーションが保てなかったりします。身近な大人がそのあたりも配慮していけるとなおいいかもしれませんね。

②同世代の友達とコミュニケーションを行う

加えて学校には、**同世代の友達とコミュニケーションを行う**という重要な役割を担っています。

学校生活では仲の良い友達と遊ぶのはもちろん、グループ学習や、遠足・社会科見学、修学旅行など、さまざまな場面で友達と協力して活動を行います。

さまざまな子と関わる中で、子どもは声のかけ方や相槌、アイコンタクトといった、コミュニケーション方法を学んでいきます。時にはうまくできずに傷ついたり、喧嘩になったりすることもあるでしょう。

しかしその度に大人たちと振り返って、関係を修復する経験を重ねることで、人は一回りも二回りも成長し、コミュニケーション力が磨かれるのです。

社会に出てからも学校で培ったコミュニケーション力は役立ち、自分を支えるものになるでしょう。

③家族以外の大人とコミュニケーションをとり、関係性をもつ

意外に忘れがちなのが、学校は**家族以外の大**

人とコミュニケーションを行う場でもあるということ。学校には担任の先生を始め、校長から養護教諭、用務員、ＰＴＡの保護者など、年齢や性別を問わずさまざまな大人が関わっています。

家族ではない大人と関わることで、新しいロールモデルが見つかる場合もあります。例えば両親ともに野球未経験者の子でも、尊敬する先生やコーチとの出会いが「野球選手になりたい！」と大志を抱くきっかけになることも。

もちろん、本やゲームでロールモデルをみつけられる場合もあります。しかし身近な大人は、子ども自身のことをじかにみてくれる存在です。

夢や目標とする大人ではなくても、「**自分を信頼してみていてくれるんだ」と思える大人の存在は、子どもにとって大きな支え**になります。

こうした大人との信頼関係が築けると、自己肯定感を高めやすく、ストレスにも負けにくい子に育っていきます。

④登下校や時間割により生活リズムを整える

また**生活リズムを整える場**としても、学校は重要な役割をもっていると思います。

決まった時間に決まった場所（学校）へ行くことで、生活リズムが整えられ健やかな日常生活が送りやすくなります。

不規則なリズムで生活していると、気力低下や倦怠感が強くなる恐れがあり、子どもの場合はより成長に悪影響が及ぶ可能性が高いです。

こうした**習慣の積み重ねが、学校を卒業した**

あと、仕事をしていくときに大変役立ちます。

親にとっても、子どもが決まった時間に決まった場所に行くことは、予定を調整しやすくなり、セルフケアの時間もとりやすくなりますよね。**子どもと親の健康面から見ても、学校は大事な役割をもっているといえますね。**

学校は便利な場所だが他の場所でもいい

つまり、学校がもつこれらの役割により、子どもたちは社会で生きていくためのスキルを身につけていきます。そういう意味で、学校はいわば〝**パッケージ化された便利な場所**〟だといえるのかもしれませんね。

もちろん学校はひとつの学び場に過ぎず、本人が必要とするスキルを得にくい環境であれば、他の場所も検討していいと考えています。

学校ではなじめなかった子どもも、もしかしたら趣味の習い事や地域コミュニティの中では自然なコミュニケーションがとれるかもしれません。

もっとも大切なのは、子どもが大人になったときに困らないように、**苦手なスキルを育てていく環境をどうつくっていくか**だと思います。

私が考える“学校ってなんだろう”❷

娘が１年生の頃、登校時に泣くため校門まで一緒に登校していました。「私がなんとかしなくてはいけない。」と必死になっていました。しかし、周囲の反応は違いました。休み時間に教室まで様子を見に行ってくれるお姉さんや手を繋いで登校してくれるお姉さん、毎朝校門で笑顔で迎えてくれる校長先生、そして、学校での様子を教えてくれる先生。地域の人に支えられて乗り越えることができました。

娘も３年生になり、いまでは下級生のお世話をできるまでに成長しました。そのような経験を経て、「学校は、助け合いの場である」と思うようになりました。困ったときに、安心して助けを求めることができ、また困っている人を助けることを学ぶ場であってほしいと、切に願います。

（かわのともこさん　41歳・主婦・小学校３年生の親）

私にとっての学校とは集団生活の中で自己を見つめ形成していく場所。

その過程でかけがえのない仲間を見つけるきっかけになるところ。

勉強はオマケ。

（ダイナマイトサムさん　53歳・BAR 経営／ミュージシャン／市議会議員）

学校には知識を獲得し、対話をする機会が平等に与えられている

弁護士
鬼澤秀昌さん

●おにざわひでまさ

東京都出身。司法試験合格後、教育系 NPO 法人の常勤スタッフとして勤務。その後、大手法律事務所を経て、2017 年に「おにざわ法律事務所」を開業。第二東京弁護士会・子どもの権利委員会、日本弁護士連合会・子どもの権利委員会、学校事件・事故被害者弁護団などに所属。2019 年 4 月より東京都江東区のスクールロイヤーも務めている。

〈おにざわ法律事務所〉ホームページ▶

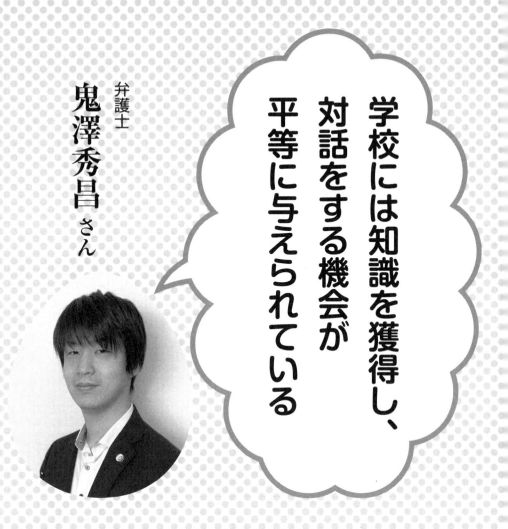

子どもたちの可能性を伸ばし社会の担い手を育てる役割

学校の役割は、**子どもたちがそれぞれ可能性を伸ばす機会を保障することと、社会の担い手を育てること**だと思います。教育基本法五条二項では義務教育の目的を「**各個人の有する能力を伸ばしつつ社会において自立的に生きる基礎を培い、また、国家及び社会の形成者として必要とされる基本的な資質を養うことを目的として行われる**」という形で定めています。

私が学校教育の中で育てていく必要があると思っているのは、**自分の興味関心に沿って学び行動する能力と、他者と対話する能力**です。学校にはいろんな子がいて、子どもは**さまざまな知識を学びながら自分の世界を広げる**とともに、学校生活の中で他者との違いを知り、大人のサポートを受けながら**多様な人間関係を経験**していきます。

関心があれば勉強は苦ではない

私の場合、「学生時代の勉強が好きだった？楽しかった？」と言われれば本心から楽しかった、と言い切るのは難しい気がします。そんな私が勉強（知識を新しく得ること）を心から楽しいと感じはじめたのは、大学四年時に社会起業家（社会課題の解決のための事業を立ち上げた人のこと）支援の活動を知ってからです。

さらに、司法修習中に、「子どもたちのために頑張っている大人たちをサポートする」ことが自分のやりたいこと、社会的に担っていく役割だと確信してからは、ＮＰＯや教育について学ぶことが苦でも努力でもなくなりました。

対話する機会がとても重要

また、ＮＰＯの活動に関わったり、弁護士としての活動をしたりしていく中で、さまざまな立場の方々と接する機会も増えるようになりました。その中で、自分としては理解し難い考えをもっている人でも、よく話を聞くと、その人の環境や経験が背景にあり、そのような経験を前提に考えれば実はその人の考え方も理解しやすくなることに気がつきました。

世界が多様化・細分化し、相互理解が困難になってきている中で、**対話を通じて相手を理解する能力はますます重要**になってきています。

最終的に、自分の興味関心に沿って学び、行動するためにも、他者との調整・対話が必要になってきます。このような**自分の軸・スキルをもって行動できるようになれば、学校外の社会でも、自分らしく生きていくことができます。**

その意味でも、学校でこれらの能力を育むことは重要なのです。

逆に言えば、これらの能力を育むことができるのであれば、必ずしも形式的な「学校」にこだわる必要はないと思っています。ただ、**学校には知識を獲得し、対話をする機会がたくさんあり、どの子にもがその機会を得る権利を与えられている**のです。

私が考える“学校ってなんだろう”❸

・子どもたちが、現在から未来にわたって、自分だけでなくみんなも幸せに生きていける基本的な力を身につけるところ。
・たくさん本を読む力、討論する力、工夫する力等を身につけるところ。
・楽しいことがたくさんあるところ。
だといいのですが、現実は厳しくて多くの子にとって居づらい場所。

（ダレンシャン２さん　73歳・無職）

主に小学校に関して、家族で話し合ってみました。
「個性を大切になどと言っているが、学校って、結局右にならえの日本人を育成するところ。」（父）
「先生にひどいことを言われたところ。教科書通りじゃないと、あまりいい顔をされないところ。助けてくれる先生が少ない。できないことを探される。頑張っているのになぁ。自分がダメに思える場所。学校って何だろう……」（小６長男、不登校経験あり）
「教科書の学習であれば学校外でもできるので、学校って、良くも悪くも複数人での共同生活を経験する場だと思う。」（母）
「学校って、勉強しないといけないところ。先生が怒るところ。」（小２次男）。

（E.S. さん　42歳・フリーランスコーディネーター）

学校は、家族以外に自分を愛してくれる人と出会い、世界を広げる場

家庭教育師
藤田郁子さん

●ふじたいくこ

日本家庭教育学会認定の家庭教育師。幼児生活団の指導者・保育士・健康体操インストラクターなどの経験があり、1991 年に公益社団法人スコーレ家庭教育振興協会に入会。身体から心の交流をはかる「ふれあいトレーニング」や「キッズ保育者研修」のトレーナーとして活躍中。スコーレ協会の首都圏北地区のリーダーも務めている。

〈公益社団法人スコーレ家庭教育振興協会〉
ホームページ▶

家庭だけでは学べないことが学校にはある

「幼児生活団」という教育団体を知っていますか？　自由学園の創立者である羽仁もと子さんが始められた団体で、幼児期に幼稚園や保育園に通園するのではなく、週一回の集合日以外は家庭で過ごして、生活の中でしつけやマナーなど必要なことを学んでいくという方針です。

日本でも「ホームエデュケーション」という言葉が浸透しつつありますが、「幼児生活団」は幼児期のホームエデュケーションです。私は同団体の指導者をしていた経験があり、いまは家庭教育師として活動しているほどですので、家庭で学べることの必要性は十分理解しているつもりです。

しかし、家庭にいるだけでは学ばせてあげられないこともあるのではないかと考えています。社会の単位は、個人↓家族↓集団（学校）↓社会のように大きくなっていきますが、**社会教育はやはり家庭だけでは補えません。**

なぜなら、家庭だけで学ぼうとすると親の価値観が大きく影響しすぎて考え方が偏ってしまう可能性があるからです。もっと**大きな枠組みに照らし合わせて物事を考えていけるようにならないと、さまざまな価値観が交差する社会の中で生きていくことが困難になります。**

その点、**学校にはさまざまな価値観をもった大人や子どもがいます。**家庭のように自分の居心地のよさに合わせてくれるわけでもありません。怖いことにドキドキし、理不尽に感じることに憤ることもあるでしょう。子どもたちは学校という（家庭に比べて）広く、険しい世界に用意されたさまざまなハードルを乗り越えていかなければなりません。

しかし、それらのハードルは子どもがひとりで乗り越えなければならないわけではないのです。大切なことは、**学校には人との出会いがあります**。一緒に日常やイベントを共有する同年代の友人たちだけでなく、教師や友達のお父さん、お母さんなど大人との出会いもあります。そして、すべての大人がそうだとは言い切れませんが、学校に関係するほとんどの大人は子どもを守り育てていきたいと思っています。

親でも身内でもない他人の中にも愛情をもって接してくれる人、自分と向き合ってくれる人がいることを経験で知ることは子どもが社会を生きていく上で希望になります。

学校のいいところを生かして社会に出るときに役立てて

もちろん学校がすべてではありません。国によってさまざまな教育制度がある中で、日本の教育、学校が特に優れているとも思っていないので、不登校という選択も応援します。

しかし、学校には家庭では体験させてあげることのできない**他人と経験を共有して仲を深めたり、価値観の違いと向き合ったり、多くの人から愛情を受けたりという経験**が用意されています。そんな学校のいいところを生かして、社会に出る前の人格形成に役立てていければいいのではないかと思います。

私が考える“学校ってなんだろう”❹

学校は生きていく力を身につける場所だと思います。

（木下通子さん　56歳・学校司書・社会人、大学生、高校生の親）

娘が小１から不登校になり、区の公設民営で無償のフリースクールに通い始めました。子どもがやりたいことを自分たちで考え、ルールも自分たちで話し合って決めていく、すべてを子ども自身が考えてつくっていく場所です。娘はここが大好きで、毎日楽しく通っています。

通った日は小学校の登校日にカウントされます。親の私は学校の忘れ物チェックや宿題や PTA から解放され、いましみじみと心から子育てが楽しいです。子どもも生きるのが楽しそうです。

この場所のように、学校が民主的な場で、本当に子ども自身が学びたいことを学ぶのを大事にする場になれば、子どもも子育ても親も本当に幸せになれそうです。

（はっとりさとこさん　51歳・編集者・小学校３年生の親）

多様な人との関わりや、多様な活動を経験することで、「みんなちがって みんないい」ことを学ぶことができる場所。

（浅川雅子さん　40歳・小学校教諭・小学１年生の親）

大切なのは学校？ 教科書？
学習は新たな成長を
遂げるときを迎えている

陰山ラボ代表
陰山英男さん

●かげやまひでお
一般財団法人基礎力財団理事長。小学校教師時代から、百ます計算や漢字練習の反復学習や規則正しい生活習慣の定着で基礎学力の向上を目指す「陰山メソッド」を確立。文部科学省中央教育審議会の委員、立命館大学教授などを歴任。現在は講演会等を実施するほか、全国各地で教育アドバイザーを務めている。『陰山メソッド　たったこれだけプリント』（小学館）ほか著書も多い。
〈YouTube 陰山英男公式チャンネル〉▶

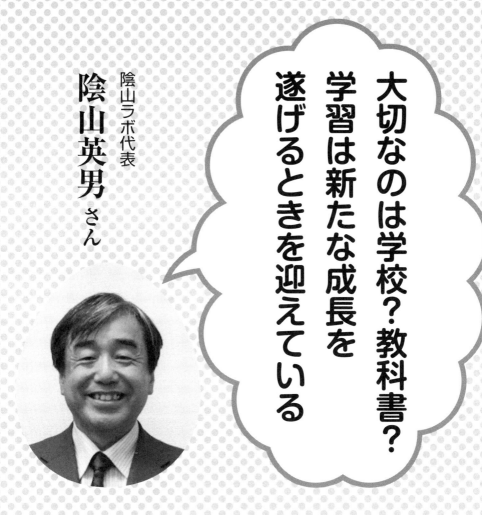

ネット上に小学校全学年の学習動画をアップ

突然の休校で私も大変驚きました。しかも、日を追うごとに深刻さは増してきており、何かをしないといけないという責任感のようなものを感じました。

そうした折、以前からやりたいと思っていたことをやれるチャンスではないか、とも思ったのです。それは、インターネット上に全学年の授業コンテンツを上げ、そして、それを通じて多くの子どもたちに学習をしてもらうということです。

私の場合、幸いなことに私の企画した教材を子どもたちは手元に置くことができます。また学校ではできないような指導を実現することによって、学校の授業が大きく転換するきっかけになるのではないか、とも考えるようになりました。そこで、スマホひとつで学習動画をつくり、どんどんアップしていきました。

学校の授業の在り方が大胆に転換する

強くメッセージしたかったことは、**教科書や学校にこだわらなければ、学習しなければならないことは意外に少ない**こと、少ないけれど**重要なことをきちんと習得することが大切**なんだ、ということです。

twitter と youtube を使って、多くのご家庭で一年分の漢字を一カ月で覚えるということができるようになってきました。中には小学二年生になったばかりの子どもが私の提起した学習法に変えることによって小学四年生の漢字を四日間で覚えたというような驚きの報告も受けるようになりました。

これは学校の授業を否定するものではなく、むしろ**授業の在り方を大胆に転換する**提案でもあるのです。

コロナ禍をきっかけにしたダイナミックな動きも

福岡県の筑豊地区、飯塚市と田川市は近年私の指導法を取り入れている市ですが、今回は休校が長引くという困難な状況の中、それでも例年並みまたはそれ以上の学力向上を果たそうと、私の教材を活用したり、またその活用法を教育委員会や教員方が独自に動画にして提案したりと、いままで全くなかった展開も起きてきました。

田川市においては家庭学習で学年の新出漢字を学習してしまい、七月には一年分の漢字がどれだけ覚えられているかということを確かめるために市内一斉漢字テストを実施したそうです。その結果、市全体の平均点は六一・八点(六年生は七八・五点)でした。七月の時点でこの点数だったので、年度末まで繰り返し学習することで、着実に定着できると思います。

こうした**大胆な目標を地域で共有する**というのは私も想像しなかったダイナミックな動きです。

しかもそれは教育委員会が提案したのではな

く、近年自主的な漢字学習を指導してきた教員方らの提案であったというところも大きな驚きでした。

そうした**地道な学習方法の指導がこの困難な状況の中では最大限に生かされ、新しい学習方法となって表れてきている**のです。

子どもたち同士もオンラインでつながりながら学習を進めているという話も伝わってきています。困難で条件も厳しい中だからこそ、いままでとは全く違う工夫が始まっているのです。

コロナ後の社会はいままでと大きく異なったものになる、と言われていますが、私は新しい学び方が一気に花開くという成長の道筋になっていくのではないかと思っています。

学校へ行かなくても「学ぶこと」を絶対にやめちゃいけない

臨床心理士
村中直人さん

●むらなかなおと

臨床心理士、公認心理師。「発達障害サポーター's スクール」事業責任者。公的機関で発達障害、不登校など特別なニーズのある子どもたち、保護者の支援を行う。支援を行う中でニーズに対する支援の少なさを実感し、一般社団法人子ども・青少年育成支援協会の設立に参画。全国に正しい知識をもった理解のある支援者を増やすべく「発達障害学習支援サポーター」の育成に取り組んでいる。

〈発達障害サポーター'sスクール〉
ホームページ▶

学校に行くこと自体ではなく学べる人になることが大切

私は実は「絶対に学校に行かなくてはいけない」とは思っていません。だから学校に〝行かない・行けない〟こと自体は、何も悪いことじゃないと考えています。

そして私は、**学校に行くことよりも自分で学べる人になることのほうが、これからの時代を生きる子どもたちにとってとても大切**だと思っています。

だから、**学校に行かなくても学ぶということ自体は絶対にやめちゃいけない**。それが一番伝えたいことです。

けれど、学ぶということを考えると学校に行くほうが有利なことも実はたくさんあります。

だから学校に行くことで何かつらかったり、苦しかったりすることがないのなら、学校に行くという選択も実は「あり」なんです。

なぜ学校が必要か？

学校というシステムは一〇〇年以上前に生み出された、**みんなが学ぶための大発明**です。

そもそも学校ができる前は、大人でも「知っていることが全然違う」「できることが全然違う」状態でした。文字が読めない人も、基本的な計算ができない人もたくさんいたのです。

そこで最低限これだけは知っておいて、できるようになって大人になろうねという基準が必要になり、それを学ぶためのカリキュラムがつくられ、子どもたちが集まってみんなで学ぶシステムがつくられたのです。それが学校です。

学校というシステムなしに、自分の力だけで必要なことを学ぶということは大変なことです。**教えてくれる人がいて、学ぶべき内容を探さなくても提供してもらえるという環境は実はとてもすごいこと**です。

そう考えるとやっぱり学校は世の中に必要なんです。

いまの時代に合った学校を

ただし、覚えておいてください。

いまの学校というシステムは、一〇〇年以上前からあんまり変わっていなくて、さすがに古くなっていまの時代に合わなくなっています。

だから、たくさんの人たちが「これからの新しい学校をつくろう」と頑張っています（そうでない大人も残念ながらまだまだたくさんいますが、ここだけの話、そういう人の言うことはあんまり聞かなくていいと思っています笑）。

だからあなたがもし、**〝いまの学校〟に違和感や問題点を感じたら、ぜひ「もっとこうして欲しい」「ここが変わって欲しい」と声をあげてください。**

理想の学校ってどんな学校？

どんな学校がいまの時代に合った理想の学校

なのか。

きっと正解なんてありませんが、私が思うこれからの学校に必要だと思うことを書きますね。あなたが考える理想の学校の参考にしてもらったり、比べて考えてもらったりしたらうれしいです。

私は、これからの学校は、**「一人ひとりの学び方を尊重できる」ようにならなくてはいけない**と思っています。

いまの学校は、学習が進みすぎても遅れてもいけませんし、学ぶ場所は教室だけだし、必ずみんな同じ授業に参加しなくてはいけません。考えてみると、これはちょっと窮屈ですよね。

いまの時代には、せっかくインターネットもノートパソコンもタブレットＰＣもあるのです。それらをうまく使えば、もっと自由でもっと柔軟な、一人ひとりに合った学び方を学校が提供することができるはずです。

そうなったら、みんなが自分のペースでだれと比較されることもなく、のびのびと自分らしく学ぶことができるようになります。

学校に行ってもいいし、家で学んでもいい。先取りもＯＫ、ゆっくり学ぶこともできる。学び方がいまよりもっと柔軟になります。

あなたが学校に合わせるのではなく、学校があなたの学びに合わせてくれる未来がきっとやってきます。

だから最後にもう一度言います。

学校に行かなくても、学ぶことを絶対にやめちゃいけない。覚えておいてね。

学校はリーズナブルに不快や不自由を体験できる場所

コーチ
白土詠胡さん

●しらとえいこ

つなぐカンパニー代表。筑波大学出身。大学卒業後、大手人材サービス企業に就職した後、（株）リクルートマネジメントソリューションズ組織行動研究所研究員を経て、コンサルタント・コーチとして独立。大手企業～中小企業まで幅広く各種研修・コンサルティングを行いながら、夫婦関係やパートナーシップ・家族のより良い関係性をテーマに活動中。

〈公式 instagram〉 eiko_fufucarch▶

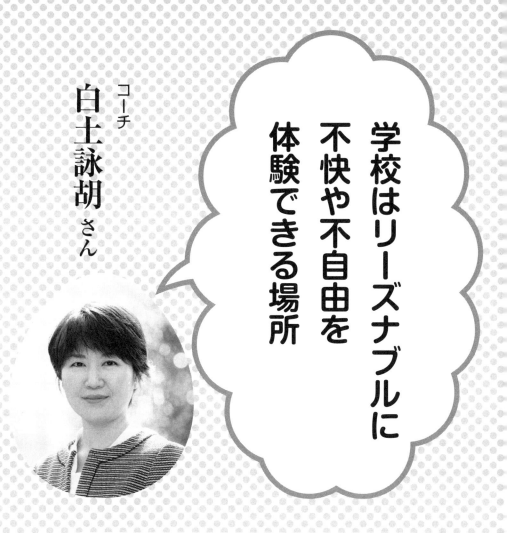

不快や不自由の経験が未来の楽しさを獲得する

学校とは何なのか……。この問いを見たとき、「私が自分の子どもに聞かれたら何と答えるか？」と置き換えて考えてみました。

前提として、人によって学校から得られたことは違うでしょうし、その認識もさまざまだと思います。しかし、あえてわが子に一言で伝えるなら私は「**不快や不自由を体験できる場所**」だと説明します。

例えば家のリビングやネットの世界では、嫌であればパッと抜けられたり離れたりすることができます。一方、学校は授業中、嫌なことがあってもいきなり教室から抜け出したり漫画を読んだりすることは難しいでしょうし、だれかが先生に怒られていたら付き合わなくてはいけない……。**起きていることに対しての関係性を遮断しにくい**のです。つまり、**半ば強制的にプチ不快・プチ不自由を体験する**ことができます。

ではなぜ、不自由や不快をわざわざ経験する必要があるのか。大人であれば「成長するためだよね」とすぐに理解できるでしょう。しかし、それでは子どもは納得しません。子どもは面白いことに興味をもちます。あえて、不快や不自由を体験する意味なんて通じません。

子どもが体験する**不快や不自由が、実は「世界が広がる」ことや、「もっと楽しいことがある」につながっていく**ことを理解するには、大人である親が寄り添い、根気よく対話していくことが不可欠だと考えています。

例えば子どもがハマっているゲームに対し、「ゲームばかりしちゃダメでしょ！」なんて叱った経験はありませんか？　どのようなゲームかを理解していないのに、頭ごなしに否定するのは無理があるし、フェアでない気がします。

わが家の息子はMinecraft、通称「マイクラ」というゲームにハマっています。平仮名・カタカナを読めず、攻略本を読めません。「文字の勉強なんて面倒くさい！」と嫌がる息子に、私は「こんな建物、一人で作れたらかっこいいよね！」と、不快の先にある楽しいこと、面白いことを少しずつ説明しています。

いまでは、もっとゲームのためにと文字の勉強をするようになりましたが、やはり幼児にとって学びは大変な作業。一人でやらせるのではなく、ゲームをする傍に座り「なんて読むんだっけー？」と声をかけながら学びのサポートをしています。このやり方は、わが家が偶然にうまくいっただけかもしれません。

しかし、子どもが経験をしていない・知らない「楽しみ」に親が根気よく「お誘い」していくことは、好奇心を育てる上でとても大切なことだと思っています。ゲームもYouTubeも遊びや子守の道具として見ることもできますが、親の観察や関わり次第ではその子の学びのツールとしても十分機能すると思うのです。

悔しさや痛みが社会での活躍につながることも

とはいえ、子どもと話そうにも学校生活に嫌な思い出をもっている人も多いでしょう。しかし、どんな学生活だったとしても全ての経験がいまの自分をつくっています。嫌だった経験が社会に出て役に立ったというのは、大人ならだれしも経験したことがありますよね。

好きなことをしているだけでは得られない**〝プチ不快・プチ不自由〟が溢れている学校だからこそ、自分を形づくる豊かな経験をしている**るともいえます。

生徒会長やリレーの選手でなくても、素晴らしい経験を無条件にさせてくれるのが学校です。むしろ生徒会長やリレーの選手になれなかったからこそ、悔しさや痛みを知ったりその体験が社会での活躍につながったりということも多々あります。学校やクラスの状態によっては不登校も選択肢の中にあると思いますが、こんなに**ドラマが溢れているリーズナブルな場所**は他にないように思います。

家庭と学校との違い

もちろん、家庭でも不快なことはあるでしょう。さまざまな家庭の事情もあり、一概には言えないと思いますが、信頼関係のある家族であるならば、家庭の中で起きる不快な出来事と、他人が関わる不快とは種類が違います。子どもにとっては、甘えが通じない、外の社会で起きた不快の方が、強制力もあり、よりシビアに感じられる可能性が高いように思います。

子どもからすれば、親や家庭は休息の場、外界（不快）から守ってくれる繭のようなもの。どんなに生意気なことを言ってきても、ふてくされても、成績が悪くても（笑）、学校生活を本人なりに全力で体験しています。**家庭は、子どもが安心して「ただいま！」といえる場所**であることを忘れてはいけないように思います。

十分条件ではあるが、必要条件ではない

日本においては、小・中学校は義務教育です。いろいろな意味でリーズナブルな教育制度だと思います。しかし、矛盾するようですが**学校は子どもが育つ上での選択肢の一つであり十分条件ではありますが、必要条件ではない**ようにも思います。

学校は多くの人にとって有意義なものだと思う反面、大人である私たちは子どもを既存の枠にとらわれず、もっと大らかに見守る必要があるようにも思うのです。

子どもは可能性に溢れており、自分とは違う環境を生きています。環境が激しく変わる昨今、私たち**親も思考のアップデートが求められている**のかもしれません。

私自身、〝子育ては親育て〟を肝に銘じながら子どもと向き合っていきたいと思います。

私が考える“学校ってなんだろう” ❺

「自分にはできないことをできる人がいる」「自分にできることをできない人がいる」ということを知る期間（機関）。

家庭の中で子どもとしているだけでは体験しきれない相対性の中に身を置くことで、社会に出たときに、「自分が人を引っ張って、やれること」「自分が一人でできること」「周りと協力すればできること」「（もしかしたら）自分が手を出しちゃいけないこと」を知ることができます。

だから、ただ個人で学びを進めればいいわけではなくて、教室という空間に集まって、いろんなことができる人とも、いろんなことができない人とも一緒に過ごす「学校」という機関（期間）が大事なんだと思います。

（SR さん　52歳・高校教諭）

学校は出会いの場所。

友達や先生だけでなく、好きなことや嫌いなこと、得意なことや苦手なことに出会うことができる。

私たち教師の仕事は、そのためのたくさんの機会を提供すること。

いろんな出会いを通して、新たな自分に出会ってほしいと思っている。

（関康平さん　38歳・中学高校教諭）

学校は自分らしさを知り、人と関わり合う力を身につける大切な居場所

カウンセラー
桒原航大さん

●くわばらこうだい

一般社団法人不登校支援センター・大阪支部理事。小学校教諭１種免許状・不登校専門カウンセラー・公認心理師資格所持。教育大学にて、発達心理学・教育心理学を学び、児童生徒の心およびその道徳性の発達における実践的研究に取り組んできた。その現場での実践経験を活かし、現在は不登校専門カウンセラーとして不登校問題の解決にあたっている。

〈一般社団法人不登校支援センター〉ホームページ▶

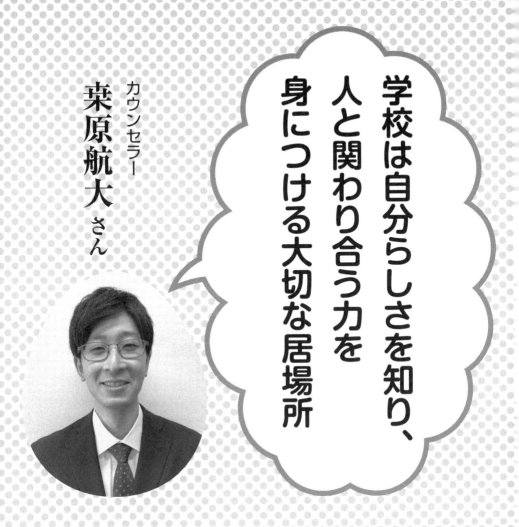

不登校支援の立場から学校について考える

私が所属している不登校支援センターは全国に7つの支部をもち、主に不登校に悩む子どもや家族にカウンセリングでの支援をしています。社会の不登校に対する認識、支援の在り方などが多様になっていること、そして相談に来た子どもやその家族が充実した人生を歩んでいる姿を通して、**学校に行かないことが必ずしもいけないこと、取り返しのつかないことではない**と感じています。

しかしながら、学校に行くことで得られることもしっかりあると感じています。今回は〝学校へ行く意味〟について、カウンセラーの立場からお話しします。

「どうして学校へ行くの？」疑問を抱く子どもの背景を考えよう

カウンセリングの中で子どもからこうした質問が出てくることがたびたびあります。また、「どうして学校へ行く必要があるの？」と、子どもから聞かれて答えに迷ったという親からの相談もよくあります。

親としては、「質問に対してどのように答えてあげたらいいのだろう」とまず考えたくなりますが、私が大切だと感じているのは、その疑問を抱くまでの子どもの背景を考えるということです。

なぜ、その子は「どうして学校へ行く必要があるの?」という疑問をもったのでしょうか。

純粋な好奇心から来る疑問であれば、そのまま親の考えを伝えるのも一つだと思います。

しかし、カウンセリングの中でこうした質問が出たときにその子の背景を考えていくと「いま、学校に行くのがつらい」という気持ちや「いまの私のつらい気持ちをわかってほしい」という気持ちが隠れていることが多くあるんです。

そういったときには「学校に行く意味」を正しく伝えても、子どもの気持ちが晴れることはないでしょう。カウンセリングの際には、その疑問を抱くまでの背景やその子の気持ちをまず聞いていくことを大切にしています。

不登校はストレスから心を守る子どもなりの対処方法

この本を読んでいる人の中には、いままさに不登校で悩んでいるという人もいるのではないでしょうか。

実際に相談に来た親御さんから話を聞くと「私が甘やかしたせいなんです」、「私が厳しく言いすぎたせいで……」など、自身を責める言葉がたびたび出てきます。不登校になったことを、まるで子育ての失敗のように話すこともあり、それだけ親御さんもつらい状況にあることが伝わってきます。

しかし、不登校というのは決して親の責任ではありませんし、子どもの弱さを表すものでもありません。

不登校というのは、子どもの心に強いストレスがかかり、その強いストレスから心を守るために子どもなりに取っている対処の方法です。

私たち大人も、ストレスを感じたときには自分なりの方法でストレス解消をしますよね。おいしいご飯を食べたり、だれかに相談したり、勉強するなどの努力をしたり。

不登校もその対処方法の一つで、ストレスそのものから遠ざかることで〝自分の心を守ろう〟としているのだというとらえ方も大切になります。

むしろ、そうした自分の心を守る方法が取れずにひたすら我慢し続けてしまうほうが心配なこともあるのです。

不登校を直すのではなく強みを増やそう

また、「不登校＝ダメなこと」というとらえ方は子どもの自信をさらに失わせることにもつながってしまいます。

私たちも、いまの状況には原因があり、その原因を解決しようというスタンスではなく「あくまでその子らしい性格を強みとして生かせるように関わりながらストレスに対処する方法をもっと増やしていこう」というスタンスで関わっています。

〝ダメなところを直す〟よりも〝イイところをもっと増やそう〟のほうが、気持ちもなんだかラクですよね。子どもも親も、こうした視点をもつことを大切にしてもらえたらと思っています。

そのためにも、まずはいまのお子さんの状況（感じているストレスや、その子らしい強み）を正しく理解することが大切です。もし向かうべき方向に迷っているのなら、信頼できるだれかに聞いてもらったり専門家に相談したり。家族だけで悩みを抱え込まず、第三者の意見やアドバイスを聞いてみましょう。

学校は〝自分らしさ〟を生かすことのできる大切な場所

さて、本題です。

学校に行くことの意味、私は**〝自分らしさを知ること〟**にあると思っています。

心理学では、人の行動には必ず相手が存在しているといわれています。「だれかのために」、「だれかに言われて」、「だれかのせいで」……。私たちのさまざまな行動は相手に向けたものだったり、相手の行動を受けてのものだったりします。

相手から影響を受けて行動に移してみたり、自分の行動によって相手から反応が返ってきたり、このたくさんの経験を通して「私ってこういうことにワクワクするんだな」、「悲しくなるんだな」、「許せないんだな」など、自分が知らなかった自分らしさを知っていくことになります。

自分の取った行動に対して反応が返ってくる相手がいることで、人は〝自分らしさ〟を知ることができるのです。

そして、時に〝相手〟は、〝自分〟にもなります。「自分をほめてあげるために」、「自分が後悔しないために」、「自分の責任を感じて」……といったように。

学校でのいじめの経験から周りを気にしていた女の子

以前相談に来ていた女の子で、周りのことをとても気にする性格の子がいました。

その子は前にいた学校で、学年中から無視をされるといういじめを受け、転校をした経緯がありました。

転校先の学校では、頑張って登校していたものの「またいじめられるのではないか…」という不安から周りからの評価を気にしながら、本心は言わず、目立たないように過ごす日々が続いていました。

しかし、その後の学校生活を過ごす中で彼女にも変化が少しずつ出てきます。

相手を笑わせようとちょっと冗談を言ってみたり（「めっちゃウケた」とうれしそうに話してくれました）、普段の私服もおしゃれになったりと、意識が外に向いていく様子がとても伝わってきたのです。

さて、彼女にはどんな変化が起きていたのでしょうか。

生で感じられる独特の「間」やコミュニケーション

そのことについて伝える前に、まず知ってもらいたいのは、人の性格には「イイ性格」、「ダメな性格」というものがないということ。あるのはその子らしい性格だけで、それを内向きに生かすのか、外向きに生かすのかという性格の生かし方になります。

したがって、この女の子ももともとの「周りのことをとても気にする性格」は変わってはいませんが、「嫌われないために」、「自分を守るために」周りのことを気にする性格を内向きに生かすだけではなく「喜んでもらうために」、「より自分を知ってもらうために」冗談を言ってみたり、おしゃれをしてみたり自分らしい性格を外向きに生かしていけるようになったのだと思います。

こうした変化は、**自分の取った行動に対して反応が返ってくる相手がいるからできることであり、その積み重ねが自分も知らなかった自分らしさを知ること、自信をもつことにもつながっている**のだと思います。

今後、広がっていくであろうオンライン授業等では感じにくい、**現場にいるからこそ感じられる独特の「間」や、スキンシップなどのコミュニケーションを取ることができるのも学校のもつ意味の一つ**だと思います。

もちろん、学校以外の場でも人とのコミュニケーションを図ることはできます。学校がそうした経験を積む唯一の場ではありませんが、**自分とは異なる価値観の人たちに囲まれ、その中で自分らしさを知るためには、学校も大切な場所の一つ**であると考えています。そうした自分らしさを知ることは、何か将来の進路（人生）を選択するときのヒントになるかもしれません。

相手との違いに目を向け人と人とのつながりを築く力に

このように、自分らしさを知ることで**自分の心の動きに気づくことができ、ストレスとも上手に付き合っていく力**がつきます。

また、**相手との違いにも目を向けることができ、いろいろな人と人とのつながりを築いていく力**にもなるでしょう。

学校は、こういった〝力〟を身につけていくための大切な場所の一つであると考えています。

好きや得意を極めたいなら、まずは学校で〝脳みそ〟を鍛えよう！

タレント
パトリック・ハーラン（パックン）さん

●パトリック・ハーラン

アメリカ合衆国出身・ハーバード大学比較宗教学部卒業。大学卒業後に来日し、お笑いコンビ「パックンマックン」を結成。芸人やタレントとして活動するほか、コメンテーターや講演会への登壇、執筆業など活躍の場は多岐に渡り、現在は福井ブランド大使、東京工業大学非常勤講師も務める。２児の父親でもある。

〈パックンマックン公式 twitter〉@packunmackun ▶

“学ぶこと”を学ぶのが学校。

もし、子どもに「どうして学校に行かなきゃならないの？」と言われたら……。「法律で決まっているから」、「義務教育だから」と言っても子どもは納得しないでしょう。

僕は、学校は**脳みそを鍛える場所**だと思っています。**社会的なスキルや集団生活、倫理道徳、思考力といったもの全てを鍛えることで脳は強くなります**。それを、子どもの価値観や興味のあることに関連づけて答えを導くと良いのではないでしょうか。

習い事でもお絵描きでも何でもいいのですが、例えばサッカーに熱中している子なら学校とサッカーの練習を結びつけます。

「君はサッカーが上手くなりたいから、練習しているんだよね？　でも、スポーツにしても一番の武器になるのは、耳と耳の間にある“脳みそ”。学校で脳みそを鍛えて人間として強くならないと、周りに負けるしポテンシャルも満たされないよ」って。

学校は脳みそを鍛えられるだけではなく、行くことで得られるものもあります。

お金に興味のある子なら、金銭感覚を使って話してみても良いでしょう。学校を卒業するのとしないのとで得られる生涯収入の違いについて、わかりやすく解説します。

「君が好きな一冊三〇〇円の漫画が一万冊買えるよ。ディズニーランドの五〇〇〇回分のチケットが手に入るよ。学校にこれから一〇年通うだけで、そのくらいの経済力が身につくよ！」と話すことができます。

弁護士になりたいなら法律を学ぶ、医師になりたいなら医学を勉強するといったように「○○になりたい」という明確な目標や夢があるのであれば、そのための知識や技術を身につけるために専門の学校に行きますよね。でも、**将来の目標ややりたいことがわからなくても学校は行くべき**です。

一般教養というのは〝学ぶこと〟を学ぶこと。どのように情報を収集し処理して、それをまた出力できるかを習得できるんです。僕が学んだ比較宗教学という分野も、普段はなかなか使わない知識です。でもその興味のある分野を四年かけて勉強したおかげで、新しい分野に触れるときのスキルを身につけることができました。

これが学校で学ぶ一般教養の意義、どんな勉強をしても結局は〝勉強の勉強〟なんです。

現代の暮らしや仕事のほとんどは、脳みそが支えています。脳みそを鍛えておけば、やりたいことが見つかったときに、たとえ分野が違ってもそれを世界に出せるはず。**学校で培うコミュニケーション能力や情報収集処理能力を身につけることができれば、何だってできるんです！**

日米の学校教育の良いところを子育てにも生かしていきたい

僕が通ったアメリカの学校、娘、息子が通った日本の公立小学校を見た中で感じるのは、**どちらにもたくさんの長所とほんの少しの欠点が**

あるということ。欠点に集中すると良いところを忘れてしまいがちなので、僕は良い部分をきちんと認識するように心掛けています。

●日本の学校の長所

・集団生活がしっかり学べる。
・世界トップレベルの学力を誇る。
・基本的な倫理道徳がしっかりと身につく。

●アメリカの学校の長所

・社会人として必要とされる提案力・コミュニケーション能力といったスキルが身につく。
・飛び級などもでき、能力の高い子はさらに伸ばしてもらえる。
・学校教育の選択肢の幅が広いので、自分が必要とする教育に応じてもらえる。

僕も二人の子どもの父親です。勉強をチェックしてあげたり学校で学んでいることを教えてもらったり、頑張っています。日本とアメリカの学校教育の良い部分を子育ての参考に、わが子には「空気も読める、発信もできる」人間になってほしい。日米問わず、世界各国で通じる人間になってほしいというのが父親としての願いですね。

子育ては本当に大変ですが、子どもほど面白いものはないしこれだけ報われる作業もないんじゃないかな。だからこそ、関わらないのはもったいない！　もちろん、僕は恵まれた立場や環境にいるというのはわかっています。朝から晩まで会社に行っているお父さんたちは、大変です。帰宅して子どもが寝ていたら勉強を見る時間はないし、週末は勉強ばかりに時間を割きたくないですよね。でも、だったら**父親との時間は学校以外の教養にかけていいと思う**んです。「ビーチ行こうよ」、「ドライブ行こうよ」、「ボードゲームやろうよ」と関わることで、親が子どもに与えられることはたくさんあります。

〝九月入学制〟には、教育制度の柔軟性が問われている

一斉休校の措置を機に〝九月入学制〟についての議論がもち上がりましたが、僕は前向きに考えて良いと思っています。

アメリカやヨーロッパの大学と同じスケジュール、つまり九月入学制という、ほぼグローバルスタンダードに合わせることで世界と行き来しやすくなるのであれば海外留学のチャンスが増え、子どもたちの学びもより充実させることにつながるのではないでしょうか。

「僕は海外留学しないから、関係ない」と考える子もいるかもしれません。でも、いまの日本の四月スタートだと海外から日本に来る人は仲間入りしにくい。日本の企業の一括採用も、海外にいる優秀な人材を逃していることだってあります。**教育は一人だけのものじゃない。皆の教育、国の教育なんです。**

もちろん、いまのこの状況で九月入学制にいきなり変えるというのは難しいというのはよくわかります。日本では卒業・入学の季節といえば桜がシンボル。それがカブトムシやセミになりますからね、違和感があるのも当然でしょう。

ずっと続いてきた四月入学制は、日本の学校制度における伝統的文化ともいえるでしょう。

しかし、時代によって見直すべき部分や変革すべき部分が異なるのは当たり前のこと。**これからの日本の教育に必要なのは、いままでの〝当たり前〟に固執しない柔軟性**ではないでしょうか。教育制度に柔軟性がなければ、子どもたちにも柔軟性は求められません。

二〇二〇年は四月スタートのまま、一年のカリキュラムをそのまま終える。でも卒業と学年の修了は来年の六月、七月にズラしてもいいんじゃないでしょうか。学校が休校していたこの期間の学習を夏休みを削ったり祝日を飛ばしたり、一日の学校時間を伸ばすことで補うことはできますが、それこそスケジューリングが大変です。だったら、いまの学年を六月～七月まで少し延長してもいいんじゃないかと思うんです。そうすれば、来年の九月から次の学年へとスムーズに移行できる。九月入学制が採用されて一〇年経ったら、きっとそれが普通になっているはずです。

人との違いを学び、心を成長させることに学校の存在意義がある

アンガーマネジメントファシリテーター
長縄史子さん

●ながなわふみこ

一般社団法人日本アンガーマネジメント協会アンガーマネジメントファシリテーター。子育てや教育・福祉・司法関係において、心に触れる実践的なアンガーマネジメントを伝え、一人一人が大切にされる教育社会を目指して怒りの連鎖を断ち切るために活動を続けている。著書に『マンガでわかる怒らない子育て』（永岡書店）などがある。

〈一般社団法人日本アンガーマネジメント協会〉
ホームページ▶

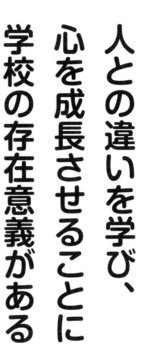

結論から言うと、私が考える学校の存在意義は大きく二つあります。

●〝異〟を学べる貴重な場

●さまざまな感情交流を通して長期的に心の成長を育める場

このような意義があるからこそ、「学校は行けたほうがいいよね」と考えています。

「〝異〟を学べる貴重な場」とは

私自身、子ども時代に親の転勤で小学校で二回、中学校で三回の転校を経験して、異なる地域で多くの人に出会うチャンスがあったことで、強みになったことがあります。

それは、自然と**〝多様性〟が受け入れられるようになった**ということです。

人によっていろいろなものの考え方、感じ方があります。伝え方もそれぞれ。

「それはおかしい」「間違っている！」と決めつけるのではなく、「どうしてそういう考えに至ったのか」「どんな気持ちでいるのか」「どうしたら折り合いがつくか」などと考えながら、コミュニケーションを通し、互いの違いを受け入れつつ、どうしていけばいいかを考えて動いていく力が身についていったように思うのです。

最近は、〝多様性を認めよう〟という流れになってきていますが、**妥協ではなく、納得しつつ他者を受け入れる**ことは、核家族化している家庭の中で学ぶことはもちろん、大人になってから身につけようとしてもなかなか難しいことだったりします。

学校は、**〝同じことを学ぶ場〟のように一見思いがちですが、人を通して〝異〟を学べる場**なのだと思っています。

「さまざまな感情交流を通して長期的に心の成長を育める場」とは

学校の先生たちは学習指導要領の下、時数計算をし、カリキュラムマネジメントをしながら懸命に教えてくれています。そのおかげで子どもの基礎学習力が身につき、科目に関心をもち、大人になって学びを深めるきっかけになることもあります。

しかし、現代は子どもたちがネットを活用しながら短時間で効率よく学習ができたり、理解不足の部分だけを個別に学んだりすることが可能な時代です。**学校＝勉強（学習）するところという考え方は変わっていくだろう**と思います（家庭を含めてどこでもネット環境が整っているわけではないため、教育を受ける権利と機会が保障される必要はあります）。

自分の子ども時代を振り返り「学校生活で思い出すことは何か？」考えてみると、あれだけ毎日椅子に座って学んできたはずの勉強内容について、詳細は覚えていません。

それよりも思い出すのは、**「友達とどんなことがあったのか」、「クラスでどんなことに取り組んできたのか」など、喜びや楽しみ、悔しさや達成感など心が動いた出来事**です。

喜びの共有は一瞬かもしれません。不安や心配などの悩みや悔しさからの脱却には解決まで時間を要します。友人とのいざこざも少し勇気が要りますが、コミュニケーションはいつからでもやり直しができます。

このように**自分の感情と向き合い、時間をかけたり、周りに協力してもらったりしながら、関係性を修復していくことも学校という場だからこそできること**だと思っています（もちろん、いじめのように精神的にも肉体的に身の安全が保てないときには学校から離れる方がいい場合もあると考えます）。

これらのことから、学校は「さまざまな感情交流を通して長期的に心の成長を育める場」だと私は考えています。

一人の親として願うこと

自分はそのように学校生活を送ってきたのに、親になると忘れてしまいがちです。子どもに「勉強はいつするの？」「勉強は終わったの？」と思わず口から出てしまう……（反省）。

確かに、学習そのものは学習コンテンツで学べる時代になってきましたし、これから子どもたちはAIの時代に生きていかないといけません。しかし、学校という場はこれからも無くなることはないでしょう。だからこそ、改めて学校という場を考えたとき、学校は〝**相互理解や感情理解を深める場**〟**であり、**〝**人を学べる生きた場**〟**であって欲しい**なと思っています。

学校の役割は、知識力・集団行動力・コミュニケーション力を鍛えること

心理士

車 重徳 さん

●くるましげのり

発達心理サポートセンター長。心理士、カウンセラー、アンガーマネジメントファシリテーターとして、発達障害や学習障害、精神疾患をもつ子どもや大人のサポートを行う。子どもの知能検査である「WISC-Ⅳ検査」を活用し、苦手なことを克服するトレーニングを提案している。

〈発達心理サポートセンター〉ホームページ▶

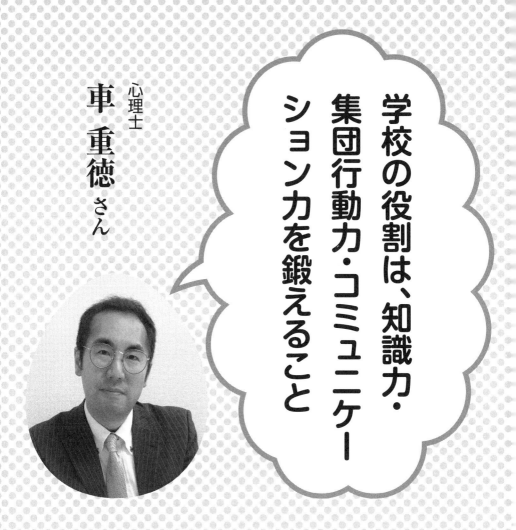

学校の役割は大きく分けて三つ

私は中学校時代に不登校を経験し、当時から学校に行くことの意味についてずっと考えていました。その答えが見つからなかったため、教員免許は所持していたものの、公立学校の教員にはなりませんでした。

その後、心理士として活動しつつ、不登校の子、そしてグレーゾーンの子のための高校（通信制高校の技能教育施設）をつくりました。中学校時代、不登校だった私が「こんな学校があったらいいな」と思う学校を自分でつくったのです。

その際、学校というものの存在を再定義し、結果的に**学校の大きな役割は下記の三つ**だという考えに至りました。

①新しい知識を得る場所

学校の授業や友人とのやりとり、特別活動を通じて、自身が知らなかった情報を手に入れることができるようになること。

②集団行動を学ぶ場所

授業や課外活動、文化祭などのイベント、そしてさまざまな活動を通じて、集団指示の受け方や集団行動下での自身の役割の認識、場の空気を読めるようになること。

③コミュニケーションを学ぶ場所

授業や日常の学校生活などを通じてコミュ

ニケーションを学べること。

それでは、私の考える三点の学校の役割、存在意義について補足しながら解説していきます。

「新しい知識を得る場所」としての学校

「学校はいらない」「学校は必要ない」と言っている人の多くは、学校を〝**新しい知識を得て、知能を鍛える場所**〟としてしか見ていないのではないでしょうか。

新しい知識は確かに必要です。しかし、単にそれだけではこれからの多彩な変化が当たり前となる社会では、生きていきにくくなるのです。

「集団行動を学ぶ場所」としての学校

今後、テレワークがどんどん普及し、社会における集団行動の機会は減るかもしれません。それでも、集団行動は学ぶ必要があります。世の中には、絶対にテレワークができない業種がありますし、将来どんな職種に就くのかを子どものうちに決定することはできません。

集団行動が必要な職場として、顕著なのが病院です。一人の勝手な行動が、患者さんさらには医療従事者全てに迷惑をかけてしまうことも往々にしてあるのではないでしょうか。

また、いまの日本は〝みんなと同じ〟を求められる傾向があり、集団行動を行うにあたり

〝場の空気を読む力〟が必要です。

そして、〝みんなと同じ〟であるためにどうすればいいのかわからない子は、空気が読めない人として笑われたり、イジメられたりする対象になり、集団に属しにくくなります。このことは、学校でも職場でも同じ構造ですが、社会に出てどこにも所属できないという事態は、金銭面においても生活を大きく左右します。

そのため、ある種**特殊な空間で友人間でのコミュニケーションや授業を通じて場の空気を読む練習ができる学校は、集団生活をトレーニングする役割を果たしている**といえるのです。

「コミュニケーションを学ぶ場所」としての学校

世の中がどんなに変わったとしても、人は一人では生きられません。どんな仕事に就いても他者とのコミュニケーションなく稼げる仕事はありません。生きていくためには、ほかのだれかとコミュニケーションを図ることが必要です。

一般的にコミュニケーションは、

・言語的コミュニケーション
・非言語的コミュニケーション

の二つに分けられるといわれています。

敬語や集団に向けての話し方や聞き方は「言語的コミュニケーション」ですが、場の空気を読む力や人の表情などを推測する力は「非言語的コミュニケーション」に付随します。

「非言語的コミュニケーション」はとても抽象的です。非言語だけのコミュニケーションでは、周囲に意思が伝わりにくい場面もあります。

例えば、仕事で会議中に体調が悪くて苦しんでいるとします。

しかし、「体調が悪いので、いますぐに帰りたい」とは自分からはなかなか言い出せません。そこで、精一杯、苦しそうな顔をして必死にアピールをしました。

しかし、だれも声をかけてくれませんでした。なぜなら、周囲の皆、会議のことで頭がいっぱいで、他人のことを気にする余裕がなかったのです。

このように、辛いときは「辛い」、苦しいときは「苦しい」と自分の言葉で言えないと、だれにも気づいてもらえない場面もあるのです。

「言語的コミュニケーション」と「非言語的コミュニケーション」をどう使い分け、組み合わせれば他者に自分の意志や思いを伝えることができるのか、教師や友人、先輩、後輩など立場の違う相手にどう対応すればいいのかなど、学校は**さまざまなパターンのコミュニケーションを実践練習していくには好機の場**なのです。

学校に行かないとダメ、ということはない

しかし、学校も仕事も死にたくなるくらいに

行きたくないのであれば、行く必要は全くありません。

なぜなら、ここまでに挙げた**三つの役割はすべて代替え可能**だからです。

①新しい知識

↓知識はどこでも、何からでも得ることができる

例：アニメなどの好きなもの

②集団生活

↓学校以外のコミュニティに属せば学べる

例：ボーイスカウトや野球チームなど

③コミュニケーション

↓非言語的コミュニケーションを伸ばすトレーニングがある

例：はぁって言うゲーム、認知トレーニング、視覚認知トレーニング、思考統合トレーニング、思考継次処理トレーニングなど

つまり、**学校には役割があるものの、代替えできないものはない**と私は考えます。学校は行った方がいい。なぜなら新しい知識を習得でき、集団行動やコミュニケーションを学べるからです。

しかし、**どうしても行きたくない、行けない理由があるのであれば、ほかのもので代替**して学校に行かなくてもその子に必要な能力を養えばよいといえるでしょう。

学校は子どもたちが地域とともに成長することを学ぶ場所

プログラミング教室主宰
福井俊保 さん

●ふくいとしやす
プログラミング教室「スモールトレイン」代表。横浜市立大学大学院博士後期課程単位取得退学。大学院時代から中学受験塾で 4 教科を 15 年間指導したあと、子どもたちが「考える力」を身につけるためのプログラムを開発したいと思い、「スモールトレイン」を開校。著書に『エラーする力――AI 時代に幸せになる子のすごいプログラミング教育』（自由国民社）などがある。
〈スモールトレイン〉ホームページ▶

目に見える子どもたちの変化

二〇二〇年三月から多くの自治体で一斉休校が始まりました。当初その一斉休校は一か月程度で終わると考えられていましたが、六月頃まで続き、夏休みを短縮して授業の遅れを取り戻す学校が多かったようです。しかし、この先もどうなるかいまのところわかりません。

当初、学校がなくなって「ヤッター！」と言っていた子どもたちでしたが、除々に喜んでいる声は聞こえなくなりました。

学校で勉強するのは嫌いかもしれません。「学校に行くのはめんどくさいなあ」と思う子どもたちもいるでしょう。でも**学校で友達と遊ぶことは、子どもたちにとって非常に大切な日常**だったようです。

私はプログラミング教室を開き、インターネットを通じて子どもと話していますが、**当たり前だった学校生活が奪われてしまった子どもたちは少なからずストレスを感じているように**見えます。オンラインで保護者の方にお話しを聞いてみると、家でケンカしてしまうことが増えているようです。他にも生活リズムが乱れ、ゲームをする時間が増えてしまった結果、夜、寝る時間が遅くなってしまった子もいました。

学校は地域にとっても重要な場所

三月から一斉休校が始まっても、ＰＴＡ会長を務める私は、何度か学校を訪れる機会がありました。子どもたちがいない学校は、本当に寂しい場所になっています。この学校に子どもたちの声が響くのはいったいいつになるのか、子どもたちがいない教室を見て寂しくなりました。

そして改めて思ったのは、**学校は子どもたちの場所という意味だけでなく、地域にとっても重要な場所**だということです。**子どもに関わることで元気をもらう地域の方や保護者もたくさんいる**のです。

一方で、**子どもたちは地域や保護者の方との関わりから、人と協力することや人に感謝することの大切さを学んでいます**。子どもたちは地域や保護者の方が、ボランティアで学校の手伝いをしているのを知っているからです。

今後新型コロナウイルスが終息したとしても、いままでのような学校は戻ってこないかもしれません。**また一から新しい学校を作っていく。そんなことがこれから求められていくのかもしれません。**

コミュニティ・スクール設置が進む

その新しい学校では、教育は学校だけが担うものではなく、保護者や地域も一緒に学校教育を考えていくことになります。

現在、学校では「学校運営協議会」の設置が進められています。学校運営協議会の役割は以下の三つです。

○校長が作成する学校運営の基本方針を承認

する

○学校運営に関する意見を教育委員会又は校長に述べることができる

○教職員の任用に関して、教育委員会規則に定める事項について、教育委員会に意見を述べることができる

「コミュニティ・スクール（学校運営協議会制度）」（文部科学省ホームページより）

このように、これからは保護者も地域も学校教育について考え、学校に対して責任を負い、よりよい学校教育を実現していくべきではないでしょうか。

学校が安全安心な場所になるよう学校の現状を見つめ、それぞれが意識改革を

教育社会学者

内田 良 さん

●うちだりょう

教育社会学者・名古屋大学大学院教育発達科学研究科准教授／博士。学校における教員や子どものリスクについて調査研究するほか、全国各地での講演やウェブサイト「学校リスク研究所」などを通じて発信している。『みらいの教育』（武久出版）、『ブラック部活動』（東洋館出版社）、『学校ハラスメント』（朝日新聞出版）など著書も多数。

〈学校リスク研究所〉ホームページ▶

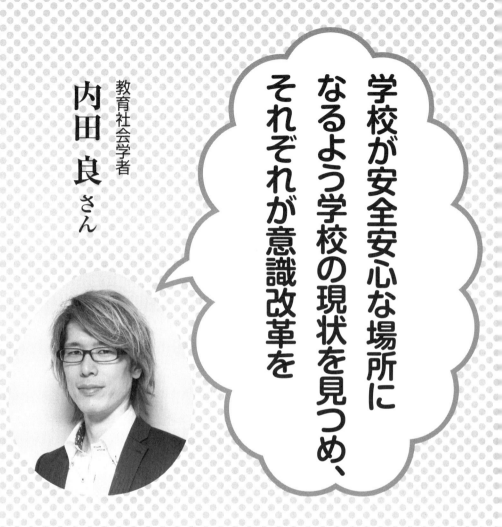

教員、子どもたちの双方が苦しむ学校の「いま」

「学校って、何だろう」。

シンプルだけれどとても難しいこの問いに、私は、**「学校は、子どもたちが安全・安心に過ごせる場」、「子どもたち一人ひとりが自分の考えをのばし、人生を展望する場」**で〝**あってほしい**〟と答えたいと思います。

〝あってほしい〟とあえて答えたのには、理由があります。私は教育社会学者として、これまで多くの教育問題を調査・研究してきました。でもいまの学校は、残念なことに先ほど掲げた答えからほど遠い状態といっても過言ではないからです。

学校で働く教職員は日々、目の前の課題に一生懸命取り組んでいます。一方で社会が急速に変化する中、学校教育に求められる要望は増大するばかりです。

しかし、それに応じて教職員の数を増やすなどの具体的な方策が立てられることはなく、仕事は増え続け、教員たちは疲弊しています。**忙しすぎる教員たちは日々の業務に追われ、子どもたちとしっかり向き合うことができていないのが現状**です。

子どもたちは子どもたちで、「くせ毛の場合は自毛証明を提出」「制服のスカートが膝から見えたら校則違反」など、一般社会からみたら明らかにおかしい〝ブラック校則〟やいじめなどさまざまな問題に直面し、悩み、苦しむケースが少なくありません。

なぜ学校は、このようになってしまったのでしょうか。

中学校で六割の教員が「過労死ライン」越え

その背景には、「教員の働き方」があると、私は考えています。

みなさんは、公立学校の先生の働き方について、どのようなイメージを抱いていますか？

「子どもたちと同じように夏休みや冬休みがあり、休みが多い職場なのでは」などと思っている人も少なくないようですが、実際は、その全く逆なのです。

二〇一六年に文部科学省が公立の小中学校教員を対象に実施した教員勤務実態調査（速報値）によると、平日における平均労働時間（持ち帰り仕事の時間は含まない）は小学校が一一時間一五分、中学校が一一時間三二分に達しています。

二〇〇六年度の調査と比較すると、一日あたり、小学校では平日が四三分、土日が四九分、中学校では平日が三二分、土日が一時間四九分の増加となりました。

【図1】からもわかるように、**「過労死ライン」（時間外労働が月八〇時間以上）を超えて働く教員が、小学校で約三割、中学校で約六割にも達している**のです。

【図１】公立の小中学校教員における一週間あたりの学校内の労働時間数

2016年度の文部科学省
「教員勤務実態調査」（速報値）をもとに筆者が作図。
①よりも下方が一ヵ月あたり80時間、
②よりも下方が一ヵ月あたり100時間の時間外労働に該当する

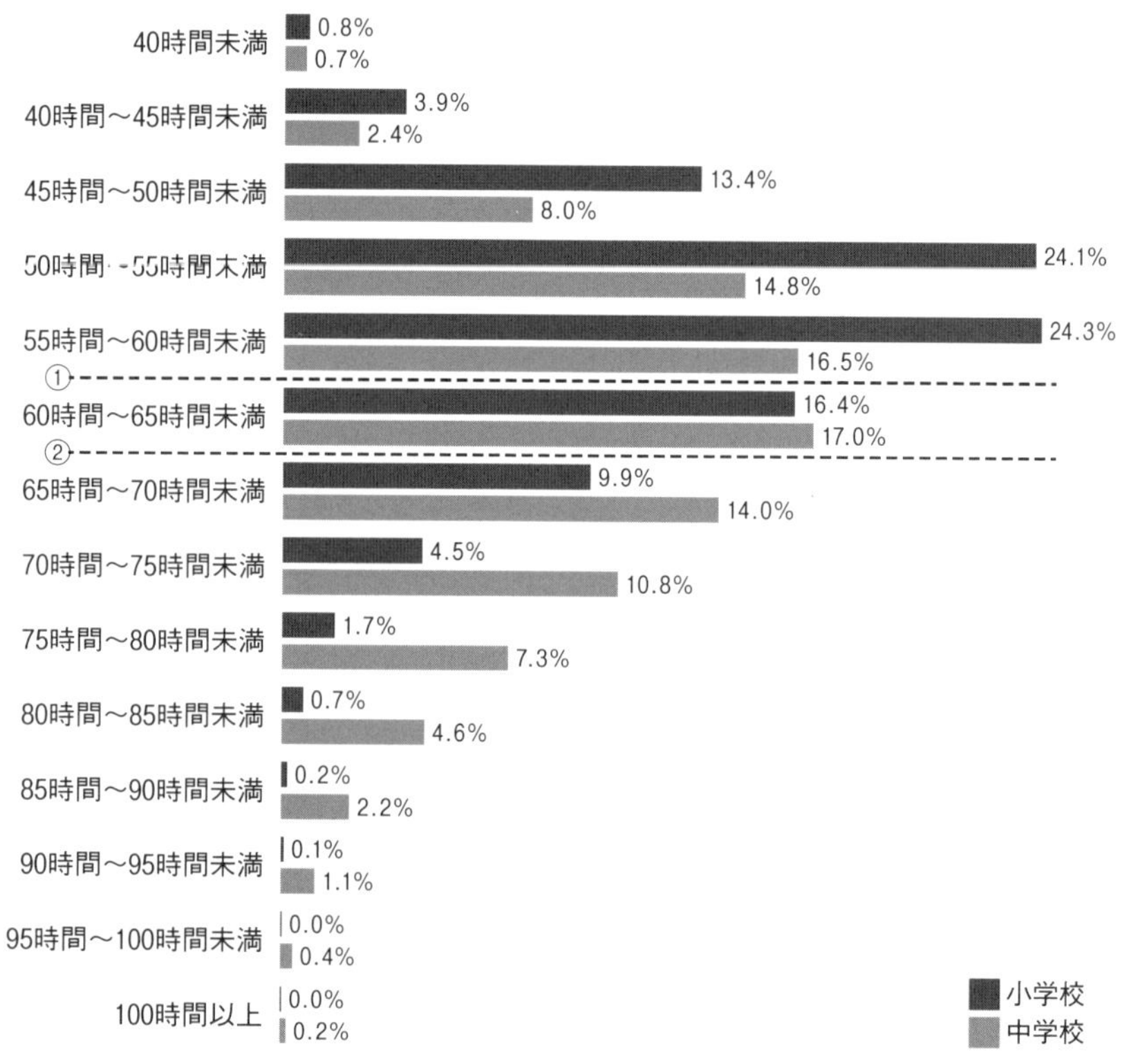

社会構造の変化がつくりだした「学校依存社会」

ベテランの先生方からは、「二〇〇〇年頃から現場に余裕がなくなってきた」という声を聴きます。

二〇〇二年に「学校週五日制」が完全実施されました。「ゆとり教育」により授業時数が削減されたのですが、同時に授業日数も削減され、結果的に授業の密度は濃くなりました。実はこの頃から各地で徐々に、授業時数の不足を理由に、夏休みの短縮が始まります。

しかし一方で、学力低下が問題となり、二〇〇八年から授業数が再び増加。「ゆとり教育」から「学力重視」の授業へのゆりもどしを、余儀なくされました。

加えて今日では、英語教育の必修化やプログラミング教育の導入、ＩＣＴ教育環境の整備など教育改革の波が押し寄せ、対応に迫られているほか、最近の日本社会は、ひと昔前と比べると、一人ひとりの子どもを大事に育てる風潮が強まっています。個別の丁寧な対応が学校に求められていて、特別支援、いじめ防止、キャリア教育など**さまざまな教育課題の多くが、いつのまにか学校に押し寄せてきている状況**です。

これらの教育内容を実現するためには、その準備を含めていったいどれだけの時間や教員が必要なのか。この議論がほとんどされないまま、学校に、たくさんのことが任されるようになってきました。

このような状況を、私は**「学校依存社会」**と

「学校依存社会」のイメージ

呼んでいます。

例えば、「中学生や高校生が、大型商業施設のフードコートでおしゃべりしている」という事例があるとします。その様子を目にした従業員や地域の人は、子どもたちを注意しないかわりに学校に連絡を入れます。そして教員が謝るという流れです。

「学校がなんとかしてくれる」という社会通念と、それを真に受け、なんとかその役割を果たそうとする学校。

その結果として学校は、そうしたトラブルを避けるため、先手を打って子どもの行動を規制します。必要以上に世間の目を意識するようになり、厳しい校則で子どもたちをしばるようになっていきました。

子どもたちのために献身的に働くのが当たり前？

「学校依存社会」を憂い、いちばん困っているのは当の学校のはずです。しかし、学校も教員も、黙々と〝丸抱え〟を続けるのはなぜでしょうか。

それは、教育という世界の特殊性にあると、私は考えています。

教育界には「サラリーマン教師」という言葉があります。「サラリーマン教師」とは、サラリーマンのように決められた仕事をするだけで、子どものために献身的でない教師のことを指し、「理想的な教師」の対義語として意味づけられています。

ここで掲げられている「サラリーマン」の概念＝「勤務時間内に義務として決められた仕事をするだけで、主体的、献身的に仕事を行うといったことをしない人」という内容は、「信念をもって働くサラリーマンに対して失礼である」という意見があり、それはもっともだと思います。

しかしそれより問題なのは、**「子どもたちのために、主体的に献身的に仕事を行う」という〝献身性〟が教師に求められている**ことです。

実際に、毎回子どものノートに書き込みを入れてくれたり、土日も熱心に部活動を指導してくれる先生は、保護者からの評判も高かったりします。時間やお金に関係なく働く姿を、私たちは教師の「情熱」に置き換えてしまうのです。

頑張り続けてしまう学校のほころびが表面化

注目すべきは、このような声が、学校の外部からだけではなく、学校の内部、すなわち教員自身からも発信されてきたという点です。

私はこれまで、子どもたちのことを真剣に思い、寝る間もおしんで授業や行事の準備を行い、週末は部活動の指導に精を出す先生たちにたくさん出会ってきました。

放課後毎日のように部活動の指導に力を注ぎ、週末の練習や試合の引率も当たり前、「部員が喜んでくれればそれでいい」と言い切る先生、寝る時間を削ってまでも子どもたちの学習ノートに一人ひとりメッセージを書いたり、連絡帳に子どもの様子を保護者にくわしく報告したりすることに仕事のやりがいを感じている先生たち。

ノートや連絡帳への記入や部活動の指導など、「授業以外の時間」の使い方は、それぞれの裁量に任されているため、先生たちは、授業はもちろんのこと、授業以外の時間も〝いくらでも頑張れてしまう〟のです。

自分が頑張れば頑張るほど子どもたちの目が輝き、笑顔が増える。そして保護者からは、「いつも先生が書いてくださるメッセージを子どもも楽しみにしています。ありがとうございます」「先生のご指導のおかげで、子どもたちもここまで部活動を頑張ることができました」などと感謝の声が寄せられる……。

これらが、**「教師冥利につきる」という充実**

感や満足感となって先生たちの心に火をつけ、ますます〝献身的な教師〟を目指して頑張り続けてしまうのです。

学校の外にいる人がそう期待しているだけでなく、中にいる教員自身も献身的な自分に誇りを感じ、子どものために自己犠牲をおしまず仕事をし続けてきたほころびは、前述の**「過労死ライン」越えの労働、疲弊する学校現場という「結果」として現れている**のです。

公立学校の教員に適用する「給特法」の特殊性

学校における教員の献身的な働き方と**〝共犯関係〟にあるのが、公立学校の教員に適用されている法律・「給特法」（正式名称は「公立の義務教育諸学校等の教育職員の給与等に関する特別措置法」）**です。

正式名称からもわかるように、「給特法」は公立学校の教員だけに関係する法律で、この法律のもと、公立学校の教員は、**所定労働時間を何十時間超えて働いても、残業代は一切支払われません。**

これは、「本来なら残業代が出るはずなのに会社から支給されない」といった、いわゆる〝ブラック企業〟の問題点とは全く異なるものです。

公立学校の教員の働き方は、労働基準法によって管理されていますが、時間外労働（＝残業）については、「給特法」が適用されます。

残業代の不払いは、〝ブラック企業〟においては違法になるけれども、公立学校においては違法ではないのです。

〝定額働かせ放題〟の中でいまも働き続ける教員たち

「給特法」は、いまからさかのぼること約五〇年前の一九七一年に制定、一九七二年に施行されました。「給特法」のもとでは「残業代」という概念はなく、教員の給料月額の四％分が「教職調整額」として上乗せされ、支給されます。

「給料月額の四％」という数字は、一九六六年度に文部省が実施した「教員勤務状況調査」において、一週間における時間外労働の合計が、小・中学校で平均二時間弱だったことから算出されたものです。

給特法が約五〇年前に決められた当時も反対意見は多く出されましたが、それでもまだその仕組みは当時の勤務実態に合ったものでした。ところがその後、学校の業務は増加しつづけてきました。

教員たちはいわば、**〝定額働かせ放題〟といった劣悪な労働環境の中で、部活動指導や授業準備、さまざまな会議などで時間外労働を強いられ続けているといっても過言ではない**のです。

先生たち自身にもこの問いと向き合ってほしい

教員の働き方をめぐるこのような問題については、高校教諭である斉藤ひでみ先生をはじめとする現役の教員がツイッターなどSNS上で声をあげつづけています。

そのおかげで、教員の長時間労働がさまざまなメディアで取り上げられるようになり、「教員にも働き方改革が必要である」といった世論が少しずつ高まりつつあります。

しかし、「子どもとの部活動が楽しい、もっと取り組みたい」と考える教員、「子どもたちのために身を粉にして働くのは当然」と考える教員はいまでも一定数おり、職員室全体の意識を変えるのは、一筋縄ではいきません。

教員の〝現場レベル〟での働き方改革は、どうすれば前に進むのでしょうか。

一つ目は、先生たちが、**「子どもたちのため」という〝魔法の言葉〟をいったんわきにおき、先生自身がこれまでの働き方を振り返ることだと思います。**

「自分は教師である」というプライドがあるのか、「いまの状況が苦しい」とSOSが出せない先生が多いように感じます。自身で抱える悩みや苦しみを、〝献身的教師像〟を盾にごまかしていては、問題の根本を解決していくことはできません。

長時間労働による過労が原因で体調をくずし、毎年何人かの教員が職員室を去っていく。このような状況を改善していくために、**先生自身も改めて、「学校ってなんだろう」と考えてほしいのです。**長時間労働を誇りにするのは時代遅れであること、**〝一労働者としての教師〟として仕事をしていくことを意識することで、職員室の空気が少しずつ変わっていく**のではないでしょうか。

保護者や地域住民が協力し、安定した土台づくりへ

二つ目は、**より多くの保護者が、先生たちの長時間労働を正しく理解し、応援すること**だと思います。最近の先生方は、保護者からのまなざしをかなり気にしているように感じます。少数のいわゆる〝モンスターペアレント〟からのクレームというより、もっと漠然とした保護者全体からの評価におびえているように見えるのです。

しかし、**大部分の保護者は、先生の働き方に関心をもち、「先生を応援したい」という気持ちを抱いている**ものです。

いま学校はこれまでのさまざまな教育サービスを削減しようとしています。保護者のみなさんには、教員の長時間労働問題の観点から、教育サービスの削減にはある特定の理解をいただけると、学校としても安心して働き方改革に取り組めるのではないかと、私は思います。

教育という仕事は、子どもの未来を創り出す尊い仕事です。だからこそ、先生たちには健全な労働者として過ごしてもらいたいですし、そういう姿を子どもたちにも見せてもらいたいのです。そのためにも、給特法の改廃をはじめとするシステムの見直しに加え、**教員、保護者、地域住民それぞれの意識改革が必要**とされています。

学校に多くの人が理解を示し、安定した〝土台〟ができてはじめて、学校は、「子どもたちが安全・安心に過ごせる場」「子どもたち一人

ひとりが自分の考えをのばし、人生を展望する場」となりえるのではないでしょうか。

私が考える“学校ってなんだろう” ❻

近年、スマートフォン１つで楽しませてくれるコンテンツが数多く存在するようになり、“自分たちで楽しさを作り出す”体験が乏しいように思います。だからこそ学校は、子どもたちが“自分たちで楽しさを作り出す”場所であるべきだと考えています。

以前、クラスで輪になって「楽しさ」について話し合いました。また、学活や授業で自分たちの興味関心を元に、モノや場所を作り上げていく時間を意図的に作りました。このような経験を通じて、“工夫して物事を乗り越えることは楽しい”と考える子どもが増えました。

楽しさがだれかに与えられるものではなく、自分たちで作り出すものであることに気づくと、子どもたちはいきいきしてきます。（乗松 拓弥さん　27歳・小学校教諭）

難聴通級指導教室の立場で考えてみると、学校は「難聴の子どもが集団下での聞こえにくさを経験し、教室で快適に過ごすために周りに伝えることを考え、実際に伝えて理解してもらう経験を積むことができる場所」です。この経験を積み重ねていると、卒業後にとても役立ちます。難聴の子ども以外でも同じことが言えるのではないでしょうか。集団の中での自分を知り、快適に周囲と付き合うためのスキルを身につけ、卒業後、社会に出たときにそのスキルを生かす。これは、オンラインでは学べないことだと思っています。

（きこえの教室の先生　42歳・小学校教諭）

学校がつらすぎるなら
行かなくていい。
でも学ぶことは止めないで

フリーアナウンサー
政井マヤさん

●まさいまや

1976 年メキシコ生まれ神戸育ち。2000 年にフジテレビに入社、アナウンサーとしてニュース番組やバラエティ番組などで活躍。2007 年にフジテレビを退社後、フリーアナウンサーに。2014 年には「日メキシコ国交 400 年親善大使」に任命。E テレ「高校講座・世界史」にレギュラー出演。

〈公式ブログ〉▶
https://ameblo.jp/masai-maya/

楽しく学べるところこそが学校

私自身の子どもたちが小学校でそれぞれ短期、長期の不登校を経験してきましたので、「学校」や「不登校」というテーマに関しては溢れるくらいの思いがあります。

ただ、我が家の二人でもその背景や質が全く違うくらいなので、一般化して語るのは難しいと理解しています。まして私は教育や心理の専門家でもないので、あくまでもいち親としての個人的な経験から、いま思うことを書かせていただきたいと思います。

「学校を休んでもいいのか？」という問いに、私が思うのは次の三点です。

- 無理をしてまで学校に行く理由は何もない
- 本人が安心できる場所で本人に合った学びができれば良い
- そのための選択肢を探すことが大切

この思いは新型コロナの影響でオンライン授業を体験し、より一層、強くなりました。

オンラインによる学びの可能性をより強く感じた一方で、**学校に行きたくても行けない期間に、友達や先生と学ぶことの楽しさ、学校そのものの素晴らしさも再認識できました。やはり、学校は、そして学びは、楽しくなくてはいけないのだと。**

楽しく通えるなら、そこはその子にとって素晴らしい学校です。ただ、残念ながらそうでないのなら、いま、その学校はその子にとっての良い環境ではないのだと思います。

子どもは狭い学校の社会と家庭が全てで、それ以外の世界、外での可能性を想像することは難しいものです。だからこそ、学校がつらくなると、その世界が全て暗闇で覆われるように、とても苦しいのだと思います。

その苦しさに寄り添い、その中での改善を模索しながらも、同時に伝えてあげたいのは、**その世界の外にある選択肢の存在**です。

いまいる教室だけが全てではない。そう思えるだけで世界は広がること、いつだって、どんな状況のときにも選択肢はある。選択肢を広げた上で、いまのこの場所で踏ん張ることも、休むことも、環境を変えることも、できるんだよ、と。


子ども自身に、その小さな世界の、もう一歩外に広がる可能性も含めて示してあげること。それが大人ができるひとつの手助けではないかと思います。

子どもが不登校を訴えたとき

しかし、そう考えるようになったのは、不登校という時間を子どもと過ごしたからです。

初めて子どもが休みたい、と言ったとき、内心驚きながらも、「行ってしまえば大丈夫、頑張って行っておいで」と努めて明るく見送っていました。大したことではないよと言うように。

いま思うと、親の「頑張って」という言葉のせいでつらい思いをする時間を伸ばしてしまったと思います。当時は安易に休ませることで学校に戻れなくなり、そこから不登校になってしまうのでは、と危惧したからです。それは間違った思い込みだったと思います。

波はありながらも、頑張って通っていた子どもが腹痛や頭痛、聴力の一時的な低下や夜眠れないといった症状を呈して、やっとその深刻さに気づき、「もう頑張って行かなくていいからね」と言ってあげられました。

それまでも毎晩じっくりと話を聞いたり、学校の先生や学内外のカウンセラーに相談したりと、一緒に乗り越えようと対応していましたが、その時からは、子どもの心を守ることだけを考えて行動するようになりました。もっと早い段階で「無理して行かなくていいんだよ。今日はゆっくり過ごそうね。」と声をかけてあげたかったな、といまでは思います。

不登校は子どもの抗議であり、輝きたいというエネルギーの現れ

不登校は、子どもが発するかなり緊急性の高いアラートだと思います。最初から「学校なんて……」と思っている子どもはおらず、胸を膨らませて入学した子どもがほとんどではないでしょうか。

それなのに、ある日「しんどい」「つらい」と足が止まってしまう。そのことを単なる甘えだと切り捨ててはいけないと、私自身の反省から強く思います。

そうなると親や周囲の大人は慌てて原因探しをしますが、不登校の理由はさまざま。一つ

だったり複合的だったり、その時点では原因がはっきりとわからないこともあると思います。

いじめや先生との相性など本人が〝嫌なこと〟の理由をはっきり自覚しているケースもあれば、周りからは何の問題がないように見えても〝なぜか行きたくない〟というケース、クラスの張り詰めた空気に息苦しくなることも、本人が学習や集団生活での困難を抱えて、人知れず苦労している可能性もあると思います。

でも、**どの不登校にも共通して、その根底に〈自分のありのままが否定され続ける〉ことへの抗議と〈もっと自分らしく輝いていたい〉という切なる願いがあるのでは、**と思うのです。

それは挫折、脱落というマイナスの結果ではなく、**人間としてありのままに受け入れられ、またその個性を生かして社会の中で輝きたい、**というプラスのエネルギーの現れなのでは、と。

大人の立場から見える状況の是非や原因の追求だけでなく、その子の悔しさや悲しさに寄り添う中で、どんな自分が否定されているようでつらいのか、本当はどうありたいのか、心の声を聞いてあげられればと思います。

学びは学校以外でも

子どもが学校に行かなくなったことで、「そもそも、学校とは？」といった根本的なことから考えるきっかけにもなりました。

つらいのに学校に行く日々が子どもにとって一番しんどい時期であるなら、親にとっては子どもが学校に行かない時期こそが試練の時かもしれません。子どもはひとまず学校から避難できたことで落ち着きを見せますが、親としては、子どもを守れたことでほっとすると同時に、ついに不登校、これでいいのだろうか、この先どうすればいいのか、先の見えない焦りや不安で押し潰されそうにもなります。

やっと気持ちの整理がつき、不登校時間を楽しもう、充実させよう、と張り切ってみても、実際には困難の連続でした。

規則正しい生活をいかに保つか、家での勉強、運動や友達とのコミュニケーションの機会が減ってしまうのをどうしたらよいか、毎日の昼食の準備や両親が仕事の時にどう留守番させるか、などなど大変なことは山ほどありました。

その中でも勉強に関して、一番苦心したと思います。

家で小学四年生の子どもが集中できるのはせいぜい二時間。それでも、たとえ十五分でも、この〈学び〉だけはストップさせてはいけない、と思っていました。

一冊のスケジュールノートに、今日の勉強の予定を確認しながら、交換日記のようにメッセージをやり取りしたものは、当時の頑張った記録として子どもも大切にとってあるようです。

また、勉強が停滞したときには、本やタブレット、テレビや漫画、映画、博物館など、どんなことも学びにつながれば、との思いで提案をしました。

教育というほど体系だったものはできなくても、学びという意味では家でもできることは沢山あると思いました。

学びさえやめなければ〈未来〉はある

学校に行かない間、学びをやめない。これさえできていれば、少し休んで戻ることも、次なるチャレンジをすることも、一定期間このままの状態でいることもできると思います。

もちろん、本当に辛いときは学びどころでは無いかもしれませんが、**例えスローペースでも学びをやめない気持ちがあれば、またそれが蓄積すれば、いつか自分を助ける大きな力になる**と思います。

思い切って英語やプログラミングといった新たな〈スキル〉を身につけることもいいのでは、と思い子どもに勧めたりもしました。英語が使えれば家にいながら世界中の e-larning を受けられる時代ですし、プラスアルファのスキルが身につけられれば、また選択肢も増えていきます。

学びさえやめなければ、何か得意なこと、スキルを磨いていけば、学校や職業選択など、生きていく上での選択肢が増えて、道も見えてくると思うのです。

いい大学からいい会社に入れば安泰だった時代は終わり、家にいながらも個人で世界とビジネスができてしまう時代です。そんな観点からこれからの社会に必要な学びを考え直す機会でもあると思います。

残念ながら、日本の教育制度はまだ均一的で硬直的です。学校以外の学びのかたちや場所を探すことは容易ではありません。

でも、確実にサポートも選択肢も増えています。ホームスクールも親や家庭教師だけでなく、タブレットやPCを使ったもの、区や私立のフリースクール、学区内の別の公立校、インターナショナルスクールへの転校という選択肢もあります。

特にオンラインを使ったリアルタイムの学びは必ず広がってくると期待しています。家で質の高い学びが維持できれば、ホームスクールの良さも見直されるかもしれません。

いまの学校制度に望むこと

もっとひとりひとりを大切に、学び続けることを励ますような、柔軟な教育制度になって欲しいと思いますし、新しい学びの場への支援もあって欲しいと思います。

人生は一度きりだけど、その中で何度だってやり直しがきくこと。**エスカレーターのように、皆が同じスピードで進むばかりでなく、立ち止まったり、少し遅らせたり、得意な科目は先に進んだり、それぞれの状況や能力に合わせた教育の機会**を設けることが求められていると思います。

多様な個性が肯定され、それぞれの居場所で輝くことで、より思いやりのある社会、よりイノベーティブな社会に繋がるとも思います。

そして、そういった個性を認める教育のためにも、先生方の働く環境を良くしてもらいたいと思います。不登校を経験する中で、**先生次第で子どもが大きく変わる**ことを実感しています。

子どもも親も、先生の言葉に傷つくこともありましたが、それ以上に多くの先生に励まされ救われてきました。

「大丈夫だよ。待ってるからね。」とあたたかい声をかけていただけると、親の私が涙が出るほどホッとしたりもしました。

親にとっても、子どもが不登校だということは、つらい状況です。

本人のつらさを不憫に思う気持ちと、将来のことを心配に思う気持ち。そして自分を責めてしまう気持ち。周囲とのやりとりで感じるプレッシャー。家に子どもがいることで仕事との両立に疲弊してしまったりすることもありました。

でも、こんな時だからこそ、「こんな時間も悪くないね」と思えるような毎日を子どもと過ごせれば、と思っていました。できるだけ笑顔で、楽しく。そして学びを忘れず。

不登校のトンネルを抜けて、自分らしく輝ける新しい場所を見つけた子どもたち

そんな子どもたちも、いまでは「不登校にならなかったら、いまの自分やいまの夢はなかったんだね。そう思うと逆に怖い！」などと言っています。

その笑顔を見ていたら、数年前の胸が押し潰されるような日々も意味があったのだと思えるようになりました。

悩み、傷つきながらも、自分が自分らしくいられる方法、場所を探そうとした経験は強さになり、また人への優しさになってくれれば、と

思います。

順風満帆できてしまえば、気づかなかったこと、学べなかったことがたくさんあると思います。

親としても、そんな子どもを誇りに思ってこれからも見守っていければと思います。

〝みんな一緒に〟という幻想から脱却し、これからの教育を知ることを始めよう

哲学者・教育学者
苫野一徳さん

●とまのいっとく
哲学者・教育学者・熊本大学教育学部准教授・熊本市教育委員。全国で教員・一般向けの講演やワークショップ、セミナーなどを多数行っているほか、軽井沢風越学園の設立に共同発起人として関わっている。著書に『教育の力』（講談社）『勉強するのは何のため？』（日本評論社）『「学校」をつくり直す』（河出新書）などがある。

〈公式 twitter〉@ittokutomano ▶

自由を制限するための学校に意義があるのか

哲学的には、公教育（学校教育）の最も大事な本質は、〝**すべての子どもたちが〈自由の相互承認〉の感度を育むこと。そして〈自由〉に生きるための力を育むためのもの**〟だといえます。

わかりやすいように言い換えると、〝**お互いのことを尊重する・みんなが対等な人間だと理解する**〟ということを土台にして〝**自分が生きたいように生きるための力を育む**〟ことが学校の本質です。

もし、学校がこのような教育の本質を学ぶことができる場であるのならば、私は「学校に通うことに意義はある」と子どもに伝えることができるでしょう。

しかし残念ながら、「相互承認ができるようになる」どころか、相互承認の感度をズタボロにされるような場になってしまっている学校が少なからずあります。

例えば、いじめや体罰は言うまでもなく、学校から一方的に与えられたルール（枠）の中でずっと生活、学習していかなければならないような学校。そんな環境で育った子はどうなるでしょうか。お互いの自由を認め合うよりも、お互いの自由を制限し合うための感度が育てられ、価値観や感受性が自分と少し違っていたり、慣習から外れていたりするだけでその人を攻撃してしまうような感性を身につけてしまうかもしれません。

そんな学校であれば、通わせることに意義などありません。

学校＝学びのコントローラーを子どもが握る場へ

では、〝自由の相互承認の感度を育む学校〟とは、どのような場所かというと、一つには、**子どもたちが自分たちで自分たちのコミュニティを作ることを経験できる場**です。

二〇二〇年四月に開校した「軽井沢風越学園」の岩瀬直樹校長が学校設立への思いを表した言葉に**「学びのコントローラーを子どもたちに委ね、子どもたちが自分たちで人生をコントロールしていき、自分たちで学びの場をつくっていけるように」**というものがあります。子ども、教員、保護者たち、それぞれがだれかに委ねるのではなく、子どもたち自身が学びの場（＝学校）のつくり手であることが学校のあるべき姿だと思います。それがひいては、自分たちの社会を自分たちでつくる、そんな市民を育む教育にもなるわけです。

現状、少なくない学校では、学びのコントローラーを教師や学校が握ってしまっています。そのことが、もしかしたら、だれかがつくったルールや他人の価値観に人生を委ねて自分で自分の人生をコントロールできない人間を育ててしまっているかもしれない。そうだとしたら、これは非常に大きな問題です。

一五〇年続いた教育システムは限界を迎えている

ただ、私は教師に問題があるのだと言いたいわけではありません。問題は、日本の教育制度が学校や教師主導じゃないと動かないシステムを約一五〇年間、変えずに続けてきたことです。その問題に気づいて、これを克服するためにがんばっている先生もたくさんいます。

もともと、哲学者たちが考えた公教育の目的は、**〝自由とその相互承認の実質化のため〟**でした。しかし、いざ公教育が整備され始めると、それは富国強兵と殖産興業のため、上質で均質な兵隊あるいは労働者を育てるためのものとして機能することになりました。

そこで出来上がったのが、〝同じことを同じペースで、同質性の高い学年学級制の中、出来合いの問いと答えを勉強する〟というベルトコンベア式の公教育システムです。

当時といまでは、時代が全然違います。しかし、公教育システムの大枠は変わっていません。自由に生きるためには、生き方や働き方を自分で考えて行動することが必要なのに、与えられたことを言われた通りにやっていくことがいまだにあまりに求められすぎています。

これからの時代は、**〝みんな何もかも一緒という教育にはもうあまり意味はない〟**ということを多くの人がもっと認識する必要がありますね。

新型コロナ感染症に関連して、今年は九月入学制についても話題になりましたが、〝四月入学〟と〝九月入学〟という選択肢しか考えられませんでした。しかし、世界の教育を見てみると、オランダでは小学校の入学は誕生月の翌月とされており、デンマークでは年四回のタイミングの中から選ぶことができるようになっています。そんな中、日本人は教育について考えるときは〝みんな一緒、一律で〟と考えてしまう。まずはこの発想から脱却することが、新しい教育への第一歩になるのではないでしょうか。

これからの学校、学びの選択肢とは

また、今回の休校では、〝みんなを同じ所に集めて、同じことを同じように行うことが教育の機会の均等化である〟という教育システムの脆弱さが露呈しました。

本当の意味での〝教育の機会均等〟や〝学習権の保障〟とは、すべての子どもたちがある一定の知識や教養（例：学習指導要領）を獲得することを社会が必ず保障するということ。そのためには、学びの進み方は人それぞれであっていいし、むしろそれが当然なのです。

新しい学校教育のビジョンはすでに提示されている

私はこれからの教育の一つのビジョンとして、**「学びの個別化・協同化・プロジェクト化の融合」**を提唱しています。

●学びの個別化

いつどこでだれとどんなペースで、どんな学び方で学ぶのかなど、学びをそれぞれの子どもに合った仕方で個別化すること。

●学びの協同化

個別化を孤立化にしないために、必要に応

じて人の力を借りたり、貸したりしながら、支え合って学び進められる環境を整えること。

●学びのプロジェクト化

カリキュラムの中核をプロジェクト（探究型の学習へと転換すること。探究型の学習とは、出来合いの問いと答えばかりを学ぶのではなく、自分（たち）なりの問いを立て、自分（たち）なりの方法で、自分（たち）なりの答えにたどり着く、そんな学びのあり方です。

※これら個別化・協同化・プロジェクト化という三つの学びのキーワードが自然と融合していくことを指して「学びの個別化・協同化・プロジェクト化の融合」といいます。

このような考え方は、私のオリジナルと言うよりも、一〇〇年以上にわたる先進的な教育学研究と実践の本質を私なりの言葉で表現したものです。教育をどのように構造転換していけばいいのかのビジョンとロードマップは、実はすでに出ているのです。

すでに多くの人が「今の日本の教育制度は限界を迎えている」「日本の教育は世界から二〜三周遅れている」ということに気づいていますが、「では何をしたらいいのか」ということについては、まだまだ十分考えを練られていないのではないかと思います。

もし、今回の休校をきっかけにいまの学校教育に疑問や限界を感じた人がいるなら、**これからの教育のビジョンやロードマップ、これからの教育に必要なことは何なのかをまずは知ること**から始めてほしいですね。

これからの教育を知るビジョンやロードマップとは

これからの教育のビジョンやロードマップは、私の著作でもこれでもかというほど示していますが、ほかにも昨年まで千代田区立麹町中学校で校長をされていた工藤勇一さんの著書、大阪府立大空小学校の日常を追ったドキュメンタリー映画「みんなの学校」などを見てみるのも参考になるのではないでしょうか。

●工藤勇一さん

山形県、東京都の公立中学で教鞭をとり、東京都・目黒区・新宿区の教育委員会を経て二〇一四年から二〇一九年度まで千代田区立麹町中学校の校長を務める。中間・期末テストや固定担任制、服装頭髪指導などを廃止するなどの改革を行い全国から注目を集めた。

●映画「みんなの学校」

作品の舞台は、大阪市住吉区にある大阪市立大空小学校。「すべての子どもの学習権を保障する学校をつくる」という理念のもと、特別支援の対象となる児童も同じ教室で学び、地域の住民や学生のボランティア、保護者などたくさんの大人たちが見守る体制がつくられている。ほかの地域では、厄介者扱いされてきた転校生が地域の人々のもとで成長していく姿が胸を打つ教育ドキュメンタリー映画。

日本にはすでに、さまざまな新しい教育を模索し、取り組みを始めている学校が実はたくさんあります。

私も共同発起人・理事を務める「軽井沢風越学園」は、今年度から始まったばかりですが、子どもたちにとって幸せな子ども時代をちゃんとみんなで守っていこう、子どもたちと一緒に作っていこうとがんばっています。

そのほか、先ほど紹介した工藤校長の麹町中学に並び有名なのが世田谷区立桜丘中学校、広島県福山市では公立のイエナプラン教育校が二〇二二年に開校するなど、公教育の構造転換に向けて同時多発的に自治体レベルで動いているところが多数あります。

●新しい教育に取り組む公立学校の一部

世田谷区立桜丘中学校（東京都）

二〇一九年度まで校長を務めていた西郷孝彦さんが不必要な校則や指導を撤廃。生徒たちが自主性をもって学校生活や学習に参加する学校として話題となった。

福山市立常石小学校（広島県）

二〇二二年度から再編後の同校の施設を活用して、新たにイエナプラン教育校を設置することになっている。一～三年生、四～六年生の異年齢の子どもたちで学級を編制し、子どもの個性を尊重しながら自立と共生を学んでいくようになる。

伊那市立伊那小学校（長野県）

六〇年以上にわたり通知表や固定的な時間割、チャイムがなく、総合学習（探究学習）を貫いている公立小学校。毎年、教師と生徒で決めた探求テーマをもとに学びを深めていく過程で学習指導要領の内容を入れ込んでいる。

教育の構造改革は自治体や学校、教員から始まるとは限りません。私が主催している「苫野一徳オンラインゼミ」でも保護者や地域から教育に働きかけていこうという気運が盛り上がっており、さまざまなプロジェクトが各地ですでに起こっています。

新たな学校教育のために保護者ができること

では、新たな教育に向けて何から始めたらよいのか。私が先生や保護者の方たちにおすすめしているのは、少人数でもいいので「対話の会」を設けることです。会を設けて「教員も子どもたちも地域の人たちもみんなおいでよ」みたいな声掛けをして徐々に教育に向き合う輪を広げていくのです。

●対話の会とは

さまざまな意見をもつ人が価値観や感受性を交換したり、認め合ったりすることで、自分の価値観がすべてではないことを知り、新たなアイデアを生み出していくために対話をする会。

例えば、アメリカの中高生を追った「Most Likely To Succeed」という教育ドキュメンタリー映画を上映し対話をする会はよく開催されていますね。

●映画「Most Likely To Succeed」

「人工知能（AI）やロボットが生活に浸透していく二一世紀の子どもたちにとって必要な教育とはどのようなものか？」というテーマについて数々の有識者が論じるほか、カルフォルニア州の高校生二名の成長を追ったドキュメンタリー作品。

劇中、自分に自信がない子どもたちが壮大なプロジェクトに挑んでいく過程で自信をつけ、学力面でも変化を見せていくのが印象的な作品です。

熊本市の遠藤教育長を中心に、Facebook グループ（グループ名：教育を盛り上げる会 in 熊本）をつくっていますが、その中でも「Most Likely To Succeed」を観て対話をする会を何度も行っています。対話の会を行ったからといって地域の教育がいきなり一八〇度変わることはありませんが、このような市民レベルの対話は後々、確実に大きな力になっていくと思います。

一五〇年以上続いた教育システムを変えていくことは長期戦です。ですが、不安や恐怖による動きは長続きしません。今回の休校で感じた教育への危機感だけで終わるのでなく、これからの新しい教育システムへのワクワク感によって、公教育の構造転換をドライブしていきたいと思っています。**多くの大人や子どものワクワク感が共有されていけば、教育システムはおのずと変わっていく**はずです。

いじめ相談員

小野田真里子さん

“人生は一冊の問題集
学校もその一ページ”

●**おのだまりこ**

国内航空会社のCAを経て、学習塾業界に従事。2006年に「NPOいじめから子供を守ろう!ネットワーク」のいじめ相談員・いじめ防止指導員としての資格を取得し、活動を開始。以降、ネットや電話を中心にいじめ問題の解決を行っている。著書に『いじめ相談の現場から　いじめられっ子を子供に持つ両親のための、いじめへの具体的対処法』(プラスワン・パブリッシング)。

〈NPOいじめから子供を守ろう!ネットワーク〉
ホームページ▶

コロナで増える相談件数

世界中を席巻しているコロナウィルスの感染拡大防止のため、休校措置が取られていた間はいじめ相談件数は減っていました。しかし、学校が再開されたいま、休校前より相談は増えてきています。従来どおりのいじめに加え、日常と違う生活をせざるを得ない状況下でのストレスのせいか、心無い言葉を投げかけられ傷ついている子どもが増えているように思います。やはり、いじめの現場は学校なのだということを改めて認識しています。

休校の影響により「学習時間の差」、「運動不足」、「ストレス、心のケア」等、さまざまな問題が発生しています。いままで当たり前にあった「通学」の機会がなくなったこの機会に、学校について考えてみたいと思います。

社会で生きていくための基礎訓練の場

私自身も子育て中であり、学習塾や教育機関での指導、いじめ相談を受ける中で「どうして学校に行かなければならないの?」という質問はよく受けます。そのようなときは、

- 国民の義務だから（憲法の話）
- 将来のため

など一通りの話をしますが、基本的には〝人生

は一冊の問題集〟という話をします。

人間は一人では生きてはいけないけれど、他の人と助け合うためにも自分が人に与えられるものを身につけなければならない。そのための基礎訓練を学校でしているのです。

その中で、学校に行く／行かないは自分で決めることが大事であり、「問題集」なのでつらいから逃げるという選択肢を安易には選ばないほうが良いと話します。

いじめ被害者の場合は、〝避難〟という方向で話をします。現代のいじめは、卑怯かつ巧妙で、心を確実に壊していく意図が見え隠れするものがあります。大人に置き換えると、「悪意をもって自分を害しようとしている人たちの集団の中に身を置くのか」という問題になります。

大人であれば転職、または司法判断に委ねるという手段をとれますが、**学校、特に義務教育ではすぐにその手段をとることが難しい**のが現状です。ですから「学校に行きたくない」理由を、まずは丁寧にヒアリングします。そして、その場から〝避難〟という手段をとることが適切だと判断した場合は「行かなくて良い」という選択肢を与えます。転校やインターネット学習で出席認定ができるという情報や選択肢があることも伝えます。この場合に大事なのは〝避難〟、つまり人生にとって必要な積極的な判断だということを子どもに理解してもらうこと。「いじめに負けた」という立場をとってしまうと、どうしてもその後のその子の人生にとって「負け犬根性」がつきまとうようになってしまうためです。

子どもに問題が起きたときは子育ての目標について考える好機

子どもに何かしらの問題が起きたとき、親にとっては「子育ての目標を考える良い機会」だと考えています。

親にとって、子育ての目標とは何でしょうか。親子コミュニケーションの専門家であるアメリカの児童心理学者、ハイム・ギノット氏は「子育ての目標は、どうすれば子どもが思いやりをもった強い大人になれるか、その方法を探すこと」としています。それに基づいて考えてみますと、

・自分のことができて礼儀正しくても、人が苦しんでいるのを見て放っていたら？
・トップクラスの成績を修めても、その知性を人を操るために使っていたら？
・適応能力が高いがゆえに、不正な状況にも適応してしまったら？

…子育ての目標を達成したことになるでしょうか。

「どうすれば子どもが思いやりをもった強い大人になれるか」ということを軸に考えれば、子どもが「学校に行きたくない」といった場面でも、共に現状を認識し、子どもの思いを受け止め、将来を考えるというプロセスが大事だということが理解できると思います。なぜなら、そうしてもらった子どもは、だれかが困っていたら「そうするのだ」ということを学ぶからです。そして、そのプロセスを経るうちに、子どもも自身が自分にとって何が大事なのかをつかん

で適切な選択をしていくものです。親はそれを信じ、共に人生の問題集を解いていくことが大事だと思います。

親と子が一緒に悩み進路を選択した事例

一つ、事例を紹介しましょう。

発達障害の傾向があり、それが原因でいじめを受け、中学ではほとんど不登校だった女子生徒がいました。発達障害についての研究は、海外の方が進んでいます。その母親自身も発達障害の傾向があり、イギリスの学校を卒業したので「この子は海外に行ったほうが良いのではないか」と考えていました。

しかし、女子生徒は母親への反発があり英語も嫌いで英語の勉強自体に抵抗していました。母親は、娘の発達障害についての理解を深めながら何に興味があるのか、何に傷ついているのかを共に考えて過ごしました。

そしてある日、英語の歌やドラマに興味を示した機会を見逃さず「イギリスの高校に行ってみない？」と勧めたところ、「行く」という返事だったのでイギリス留学を決めました。

現在、その子は日本の大学を卒業し、自分の経験を生かして発達障害や学習障害が原因で学習が進まない子どもたちへの英語指導にあたっています。

子育ては十人十色、いじめ問題や不登校も十人十色です。だからこそ、親が「子育ての目標」をしっかりと軸にもつことが大事であると考えています。

私が考える“学校ってなんだろう” ❼

学校は、地域のコミュニティの拠点だと思います。運動会や授業参観で、地域の人たちが集まる場としての役割があります。また、学習ボランティアの方々が来校することでも、地域の人々の交流が深まります。

統廃合で学校がなくなると、そこに通っていた子どもたちは、他の学校へ移ります。その地域のコミュニティも一緒に移動して欲しいです。　（田中直毅さん　32歳・小学校教諭）

子どもたちが「未知の実社会（人、もの、こと）」と出会う空間。「知らない」「できない」のおもしろさを知り、「調べよう」「やってみよう」を生み出す空間。

（田村由宏さん　42歳・小学校教諭）

学校とは、「ワクワクするところ」だと考えています。産業革命後の学校は、大人の言うことを聞く子どもを大量生産するために詰め込み教育をしてきました。そんな学校に、子どもたちはワクワクするでしょうか。

ネットで検索すれば、情報はいくらでも出てくる時代、いま必要な教育は、知識の詰め込みではなく、情報を能動的に探し出し、整理する情報活用能力の育成だと考えます。

今後、子どもたちがタブレット端末を活用するようになれば、さらにクリエイティビティを育むことができるようになります。AIには決して真似できない、創造性を養う教育へと生まれ変わるはずです。私はいま、とてもワクワクしています。

（魚住惇さん　34歳・高校教諭）

学校は社会性・勤勉性を培い、人間関係を築き心を育む場所

フリースクールカウンセラー

荒木信雄さん

●あらきのぶお

キャリア形成支援ルーム「アットノーム」代表。国家資格キャリアコンサルタントを有した心理カウンセラーとして、フリースクールでひきこもり、ニート、非行、不登校、家族問題への就労・自立・心的・学業復帰支援活動を行う。著書『エンプティーママと子どもを幸せにする小さな魔法』『傾聴メッセージ　人たらしカウンセラーがこっそり教える心の扉をひらく鍵』（いずれも、まんがびと）

〈公式 twitter〉@c_norm21▶

最近の子どもたちに目立つ人間関係の希薄化

私はフリースクールカウンセラーとして、不登校や引きこもり、非行の子どもの社会復帰支援に十年以上携わってきました。その中で**問題を抱える子どもの性質や意識が大きく変わっているる**と感じています。

昔はいわゆる不良やヤンキーといった、仲間とつるんで反社会的行動などの問題を起こす子どもたちがよく相談にやってきました。悪さをしながらも彼らは彼らなりに仲間や上下関係といった、人との関係を大切にする側面があり、学校での教えや集団意識がベースにあったと思います。

しかし最近では引きこもりや家庭内暴力といった、家庭の中で問題を抱える子どもの方が圧倒的に多くなっており、体感では相談に来る三〇人に二九人は現在引きこもりとなっている子どもです。

そんな最近の子どもたちは個人意識が強く、相手の気持ちを思いやる想像力や倫理観の欠如が大きく目立つようになりました。個人がいくらでもネット上で動けるようになったいま、彼らの人間関係は希薄化し、昔ヤンキーの子から感じていたような学校の影響を感じられることが少なくなったように思います。

いままで当たり前のように通っていた学校の意味を、みんなで今一度考え直す必要があるのかもしれません。私が考えるに、学校は以下のような役割をもつ場所だと思っています。

①社会性を育む場所
②勤勉性を培う場所
③人間関係を築き、心を育む場所

社会性を育む場所

まず学校は「社会性を育む」場所であること。

みなさんも学校で、こんな〝当たり前〟を習ったことと思います。

・人を傷つけない
・ルールを守る
・罪を犯さない
・嘘をつかない
・わがままを言わない

こうした学校で習う〝当たり前〟は、同時に社会の良識でもあります。ある意味、**学校は社会に出る前のトレーニングの場所**ともいえるかもしれません。

学校で培う社会性が積み重ねられることで、より社会基準で物事を考え判断できるように子どもたちは成長します。

勤勉性を培う場所

また**学校は「勤勉性を培う」場所でもあります。**

私たちは下図のように、五段階の発達課題を一つひとつ達成しながら、自立した大人へと成長します。

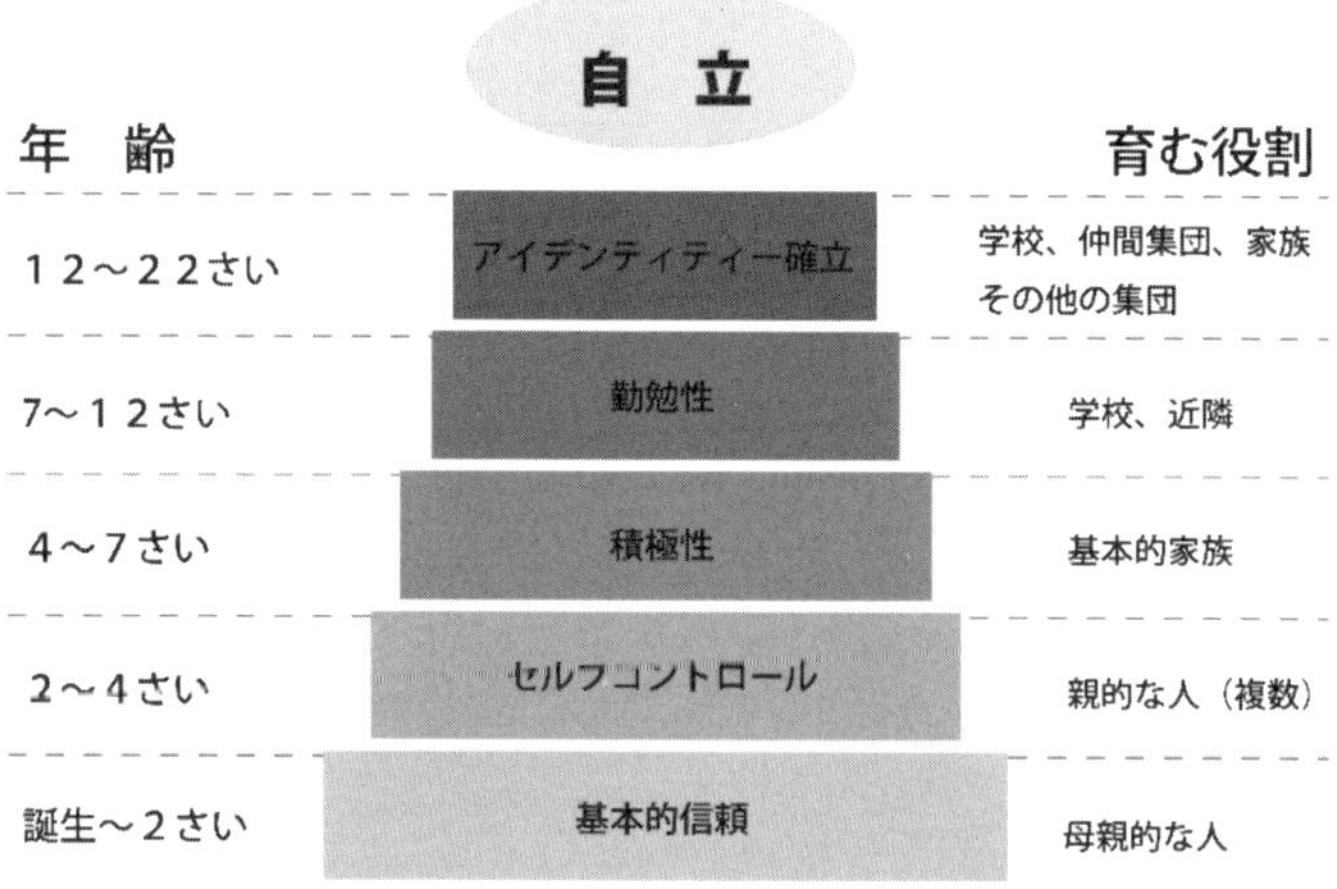

（提供：キャリア形成支援ルーム　アットノーム）

発達課題は大まかに分けると、下から一段目から三段目は家庭で、四・五段目は学校や地域社会で身につけられます。

小・中学生は主に「勤勉性」を身につけることが発達課題とされています。勤勉性とは、**決められたルールに従い、何かを継続的に繰り返し行う力**のことを指します。

決められた時間割のとおりに学習を進める、宿題の提出期限を守る、テストで好成績を取るためにコツコツ勉強する、といった学校生活を送ることで勤勉性は育まれていくのです。

こうした勤勉性の上に勤労が成り立っており、学校生活は職業人生や社会生活の基盤をつくっているともいえます。

人間関係を築き、心を育む場所

学校は友人・先輩・後輩・先生という多様な人間と関わり、心を育む場所でもあります。人は食べ物を食べると体が大きくなりますが、心は良い人間関係を育むことで成長します。

幅広い友達とたくさん遊び、共同作業をする中で多様な価値観を学びます。ルールから逸脱したり、迷惑をかけて先生に叱られたりすることもあるでしょう。かけがえのない親友との繋がりや、ほろ苦い片思い、後輩の面倒をみるなどの多様な人間関係を経て人は磨かれていきます。

例えるなら、**心という石を人間関係というヤスリで研磨し加熱して磨き上げるようなもの。**

家庭では**築けない人間関係を築き、心を育む場所が学校**であり、それが「親が教えられること」と「学校でしか学べないこと」の範囲の違いでもあります。

フリースクールで子どもたちと関わっていると、特に**「人間関係を築き、心を育む場所」である学校の役割が低下している**と感じています。

いまは現実世界で友達をつくらない、あるいはつくってもケンカをすればすぐに別の友達をオンライン上で見つけ、ケンカした友達と仲直りをせずにそのままやり過ごす子が増えています。

オンライン化が進んでも、生身の人間との出会いや衝突を通して一回りも二回りも成長する、人間の本質は変わりません。

人間関係が弱まっている現代社会だからこそ、子どもに**「人と関わり合う喜び」を教える**ことが、学校をはじめ、フリースクールなどにはより求められているのではないかと感じます。

学校は〝いざというときにSOSを出せる自分〟を育む場所

臨床心理士
久保田健司さん

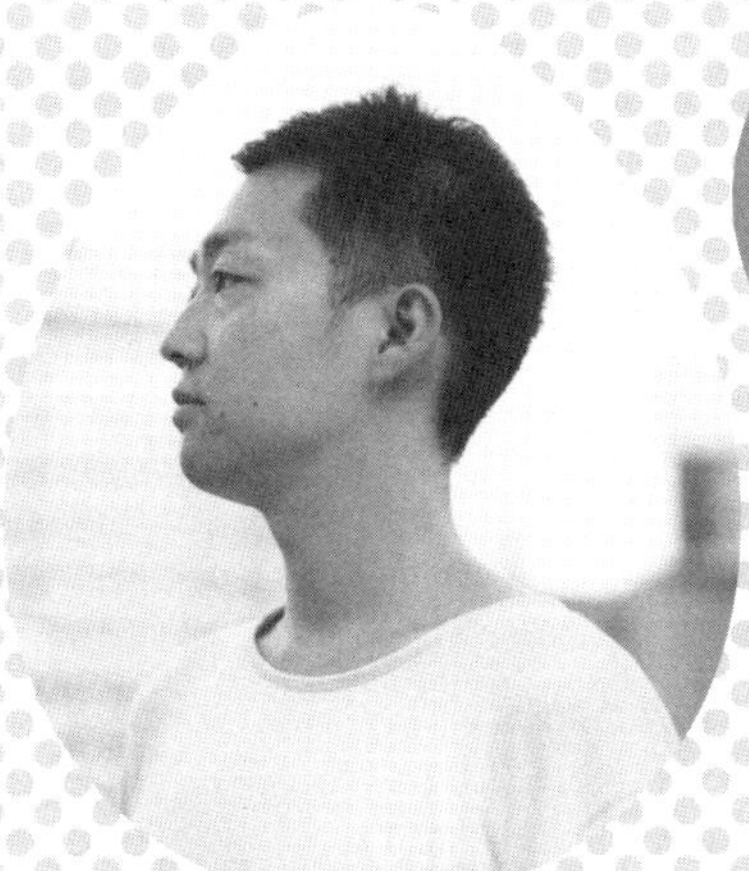

●くぼたけんじ

臨床心理士。公認心理師。米国臨床心理学修士（M.A. in Clinical Psychology.）。現在は、「ハウジングファースト東京プロジェクト」で、ホームレス状態の人への支援活動に関わる。地域医療、教育、貧困問題、トラウマ、家族・コミュニティへの臨床活動に注力し、オープンダイアローグの実践に携わる。

〈公式 twitter〉@kubotakenjicr▶

だれにも助けを求められず ホームレスになる人たち

私自身、中学時代にいじめを受け、三年間ほとんど学校に通えませんでした。

学校に行こうと思っても、めまいや腹痛が生じ、全身で拒否反応が出ていた中学時代。しかし家族や学校の先生からは「学校に行きなさい」の一点張りで、だれからも理解を得られず、苦しい三年間でした。

そんな私の心理士としての活動は、ホームレス支援が最初でした。

不登校時代に周りの無理解などで、さんざん苦しい思いをしてきた私は、学校や医療など、メインストリームでの活動よりも、ホームレス支援のような、社会のアウトローにいる人たちへの支援に関心が高かったのです。

ホームレス支援を行っていると、九九といった基礎的な計算、読み書きができない人と出会うことがありました。

そのような人たちは、**小さい頃から学習や学校生活につまずきがありながらも、周りには気づかれずに今日まで生きていました。**

本人もだれかに助けを求めることができず、ずっと自分のせいだとして過ごしてきたと話す人が多くいます。

本来であればみんなが身につけているはずの基礎的な学力すら、学校で身につけられずに、**〝学校教育からこぼれ落ちてしまった人〟がホームレスになっている現状**を目の当たりにしてきました。

SOSを出せる人になるために必要なこととは

そのようなホームレスの人たちと接する度に、基礎的な学力等々の前に〝SOSを他者に言える〟ことが、その後の人生を大きく左右する鍵であると認識するようになりました。

特に義務教育における学校は、全ての子に対し教育を受ける機会が提供されている場所です。だからこそ学校では、**全ての子どもが〝いざというときにSOSを出せる自分〟を育む能力を身につけられる役割を担っている**と思います。

何か困ったときにだれかに助けを求められるのは、他者と自分を信頼できるからこそできることです。

〝他者を信頼する〟とは、親しい友人や先生とのつながりを実感することからできるようになります。

もう一方の〝自分を信頼する〟力は、自分の得意不得意を理解し、自分自身を肯定することで培われるものです。

完璧な人はこの世にいません。だれでも得意なこと、苦手なことがそれぞれあります。

全部一人で抱える必要はなく、得意な人に頼ったり助けを求めたりしてください。

一生安泰という道が存在しなくなった変化の激しい現代において、いつ自分が危機的な状況になるかわかりません。それでもだれかにSOSを伝えられれば、解決できることはたくさんあります。

だからこそ今後ますます〝SOSを出せる自

分〟を育む、学校の役割が重要になってくると思います。

もちろん学校に行くのが辛いなら、無理して行く必要はありません。学校はあくまで手段であり、自分に合う場所は他にもいっぱいあるはずです。

疲れることがあったら、無理をせずに学校と距離をとるのも一つの方法です。

ひとつの方法に固執せず、多様性のある個別学習で学びの可能性は広がる

教育学者
萩原真美さん

●はぎわらまみ

私立中高の専任教諭を経て、現在、聖徳大学大学院教職研究科准教授。博士（社会科学）。教員経験と教育学の専門的な知見を基に、教育に関する「ギモン」や読者が「知りたい」と思う事柄に応える記事を執筆している。著書に、『旧制成城高等学校尋常科地理自学書集』（不二出版）、『ワークで学ぶ教育課程論』（ナカニシヤ出版）など。

〈聖徳大学〉ホームページ▶

学校へ通う理由……。もし、小中学生の子に聞かれたら、私は「いろんな人と関わり、それぞれ違う考えがあることを知るために学校へ行くんだよ」と答えることでしょう。

しかし、教員を養成する立場にあるいま、すぐに結論を出すのではなく、学校へ行く理由を学生たちとともに考えていかなくてはなりません。

そこで、ここでは、子どもの学びの面にスポットを当てて、**どのような学び方をすれば効果的なのか**について考えてみたいと思います。

コロナでわかった個別学習の大変さ

今回の休校では、オンライン授業やテレビを使った授業を行った学校、自治体がありました。ほかにも、学校が課題を配布し、それぞれが自宅で学習を行うという公立校も多かったと思います。その中で、学校という場でいままでのような形で授業をする必要はないと感じつつも、「個別学習の限界を感じた」という人もいるのではないでしょうか。

私は、個別学習については、中・高の教員時代から研究・実践した経験から、賛成の立場です。だからこそ思うのですが、個別学習を徹底するには、教員には相当な覚悟が求められます。

個別学習では、個々の子どもによってつまずくところが違うので、勉強が苦手な子に対しても徹底的に理解できるまで指導をしていかなくてはなりません。ですが、できない子をできるようにすることは、非常に難しいことなんです。

そのため、教員が覚悟をもって本気でやれるのかということが一番のポイントになります。

しかし、教員にその覚悟があれば、徹底した個別学習は決して不可能なことではありません。

例えば、授業の前半は、Youtubeやテレビを利用して知識を一斉に伝えて、後半はそれぞれのレベルに合わせた課題に取り組み、わからない部分や解けない部分は電話やオンライン、対面など、その子に合った方法で徹底的に一対一で指導するのはどうでしょう。

苦手な子はじっくり取り組める一方で、できる子はできない子を待たなくてもいいし、より難度の高い課題に挑戦する時間にもできますよね。

これまでは、全員がある程度わかるような通り一遍の指導しかできなかったのが、**個別学習にも重きを置いて集団学習と組み合わせることで、四〇人いれば四〇とおりのレベル・課題設定と丁寧な指導ができる**ようになります。

単元ごとに柔軟にメリハリのついた学習を

また、「九九や分数ができるようにする」など、知識や技能を身につける学習では、授業の後半に個別学習をもってくるほうが向いていると思いますが、考えを深めたり、対立する意見を調整し、他者の意見を聞いて自分の考えをさらに発展させることが必要な授業は、授業の後半に集団学習を行うほうが向いています。

前半は自分の考えを深めるために、一人もしくは教員と一緒に「自分が何をどう考えているのか」ということを考えます。

これまでの授業形態では、自分の意見をハッキリと言える子や自信をもって考えが述べられる子の意見で議論が進みがちでしたが、大人しくてもきちんと考えている子どももいて、**それぞれがじっくり考える時間を個別学習でもった上で、みんなで議論をするようになれば、いままで発言ができなかった子も議論に参加できるようになっていく**可能性があります。

個別学習と集団学習の組み合わせ方など、授業形態は、国語ならこのパターン、算数ならこのパターンというように教科ごとに固定するのではなく、単元ごとに何が重要なのかということを考え、**メリハリつけて学習を進めていくのがこれからの学校教育で必要**になっていくと思います。

一〇〇年前に行われていた個別学習

学校でも個別学習を取り入れるというと、いままでになかったことと思われるかもしれませんが、いまから約一〇〇年前にも子どもの自発性や個性を尊重する教育を行う目的で〝大正新教育運動〟が展開されました。

●大正新教育運動とは

一九世紀末から二〇世紀初頭にかけて欧米先進諸国を中心に世界的に広がった教育改革運動が、日本において一九一〇～一九三〇年代前半にかけて展開されたもの。従来の画一的、形式的な教育ではなくそれぞれの子どもがもつ特性や主体性、活動性に配慮した指導法や学習方法の開発・実践を行った。

日本では、成城学園などの私学や明石女子師範学校附属小学校などの師範学校の附属小学校で、個別学習を重視した授業が行われました。例えば、成城学園では、午前中の授業はいわゆる五教科を個別学習で行い、午後は子どもたちが音楽や体育など実技の教科を行っている間に、五教科の教師たちは午前中の学習課題をチェックして、翌日の個別学習でフィードバックするという授業を行っていました。

個人的には、このように個別学習を取り入れた授業スタイルが日本の教育現場にもっと取り入れられるようになったらいいのにと思っていますが、成城学園では、個別学習を導入した結果、子どもの学力や進度に大きな差が生じてしまったんです。

しかし、今回の休校による個別学習の推進をきっかけに、インターネットなど大正時代にはなかったツールも教育現場で活用されるようになったので、**できない子もフォローしていける個別学習を行うことは実現可能**なのではないかと改めて考えています。

オンラインに慣れた学生がこれから教師になっていく

いま、これまでないほどに日本の教育システムを変えていこうという動きや熱気を感じています。ですが、多くの公立小中学校では、分散登校など感染予防対策を行うという工夫以外には、カリキュラムや教育システムを変えることなくこれまでどおりの学校教育に戻りつつあり、「学校教育が変わるかもしれない」と期待をしていた人は、がっかりしているかもしれません。

ですが、私が指導している学生はいま、大学でオンライン授業を受け、個別学習を体験しています。つまり、彼らの中には、オンラインを活用した個別学習というものが選択肢として備わっています。導入するスキルやメリット、デメリットを知り、「**とにかく学校に来させて一斉授業を受けさせればいいわけではない**」ということがわかっている若者や、大学で学び直している現職の教師たちが来年度から教育現場（学校）へ出ていきます。彼らは、学校を変える力になっていくはずです。

私たち教育学者も、今回の経験を機にこれまで以上にオンライン授業や個別学習の教育効果について論文にまとめたり、さまざまな場で発信していく責任があります。これからの学校教育が子どもにとってこれまで以上に意義あるものになっていくと信じて、教育について、学生たちと真摯に考えていきたいと思っています。

あとがきに代えて

「ソクラテスのたまご」は、各分野の専門家とともに、教育に関する正しい情報を発信する大人のための教育情報メディアです。

わたしたち大人は、それぞれに「教育観」をもっています。それは、自らが受けてきた教育や、その後の経験によって形づくられたものです。

でも、その「教育観」、いまの子どもたちにそのままぶつけて大丈夫ですか？

わたしたちが育ってきた頃と、社会は大きく変わりました。それに伴い、子どもが感じることも、これからの時代に必要な力も、昔とは変わってきています。事実、いままさに教育は過渡期にあり、新しい教育の形が次々と生まれています。

だからこそ、わたしたち大人は、いまの時代の教育をあらためて深く知るべきではないでしょうか。自分たちの知らなかった教育の一面に触れることで、これまでの「教育観」が一新されるかもしれません。

「ソクラテスのたまご」は、新しく多様な教育の形、向き合うべき教育課題、教育の仕組み・構造など、未知にあふれた教育を明らかにしていくために情報を発信しています。

教育という分野は効果を検証することが困難であるため、どうしても、思い込みや偏見、間違った情報が多くなってしまいがちですが、科学的根拠に基づいた見解や、時に哲学的なアプローチも交えながら、教育の真実に迫っていきたいと考えています。

「ソクラテスのたまご」

小中高生の子を持つ保護者を対象とした“大人のための教育情報メディア”。

「教育は未知にあふれている」をキャッチフレーズに、各分野の専門家とともに教育に関する正しい情報を発信している。

https://soctama.jp/

「ソクラテスのたまご」編集部
浜田　彩
濱岡　操緒
大井　麻規子
樽林　夕加里
片岡　武志

執筆協力
長島ともこ

#学校《がっこう》ってなんだろう
“学校”について自由に語ろう

2020年12月10日　初版第１刷

著　者　ソクラテスのたまご編集部
発行者　花岡萬之
発行所　学事出版株式会社
〒101-0021 東京都千代田区外神田2-2-3
電話　03-3255-5471（代表）
http://www.gakuji.co.jp

編集担当　戸田幸子
装丁・本文レイアウト　三浦正巳（精文堂印刷制作室）
イラスト　松永えりか（フェニックス）
印刷・製本　精文堂印刷株式会社

ISBN 978-4-7619-2680-9 C3037